l'Académie de *Kiel*, a eu il y a quelque tems le deffein de publier les manufcrits de M. *Leibniz*, qu'il a
foigneufement recueillis. Les Savans à qui l'Auteur
avoit envoyé fes Lettres, les lui ont fournies. Excepté quelques-unes que M. *Chretien Goldbach*, Confeiller de juftice, & un des principaux ornemens de
la Cour & de l'Académie de Ruffie, a eu la bonté
de communiquer à mon pere. J'ai été auffi affez heureux pour recevoir de mes amis quelques pieces de
M. *Leibniz*. Mon pere m'a donc permis des les joindre à fa Collection, pour les donner enfemble au
public.

Quant aux Pieces contenues dans ce Recueil ; elles renferment des matieres philofophiques, mathé-
matiques, & des argumens qui éclairciffent l'hiftoire.
Je vais en péu de mots en raporter les fommaires,
pour mettre le Lecteur au fait & lui faire naître la
curiofité de les lire. Au commencement on trouve
les Pieces & les Lettres philofophiques de M. *Leibniz*. La premiere eft à M. *Dangicourt*, Membre de
la Société des Sciences à Berlin. L'illuftre auteur y
traite à deffein des Monades, & propofe beaucoup
d'obfervations fur le calcul qu'on nomme infinitefi-
mal.

J'ai donné la feconde place dans cette collection
aux quatre Lettres envoyées par notre Auteur au celebre M. *Marinoni*, Mathématicien de fa Majefté
Imperiale. Elles nous découvrent le deffein qu'a-
voit M. *Leibniz* de perfectionner les fciences mathé-
matiques à la Cour Imperiale.

Après cette Lettre vient celle qui eft écrite à
Madame la Génerale de *Weiler*, née *Blumenthal*.
Elle fait voir premierement que M. *Leibniz* a eu
part aux bonnes graces de Madame la Princeffe de
Galles, *Guilelmine Charlotte*, prefentement Reine
                                                    de

de la Grande Bretagne, & qui entend très bien les sciences philosophiques. Secondement on y trouve de plus un Poëme de la Philosophie & de l'Amour, qui merite bien de trouver place ici.

J'y ai joint une Remarque philosophique écrite de la main de M. *Leibniz* même sur une feuille detachée qui s'est trouvée parmi les papiers de Madame *Weiler.* Elle concerne la *Theodicée* de l'illustre Auteur, & fait voir comment on doit se conduire, quand il arrive ordinairement, qu'on pense plutôt aux objections qui se presentent contre les propositions soutenues par M. *Leibniz,* qu'aux argumens & aux raisons par lesquelles l'Auteur les a prouvées.

Ensuite viennent quelques Remarques de M. *Leibniz* sur la presence sacramentele dans l'Eucharistie, dont je suis redévable à M. *Jean Erhard Kapp,* Professeur très celebre en Eloquence dans l'Academie de Leipzic. L'illustre Auteur en a fait mention dans son Discours de la Conformité de la Foi avec la Raison, § 18. p. 24. s. dans ses Lettres à M. *Pelisson,* que M. *Teller* a fait r'imprimer, & dans son Epitre *XXII.* à M. l'Abbé *Jean Fabrice,* p. 39. qu'on trouve dans la collection des Lettres de M. *Leibniz,* que j'ai fait imprimer depuis à Leipzic. M. *Leibniz* reconnoît, comme tous les Lutheriens, que le corps de JESUS-CHRIST dans la sainte Eucharistie est present *substantialiter,* (substantiellement). Mais il entreprend en même tems expressement de faire voir par la notion de la presence substantielle, qu'elle est possible, encore qu'on ne veuille pas admettre la presence dimensionelle. Voici son argument : Les choses, dit-il, sont presentes entre elles lorsqu'elles agissent l'une sur l'autre, ou quand l'une souffre quelque chose de l'autre. Il n'est donc pas nécessaire qu'une presence substantielle soit en même tems dimensionelle.

Comme

RECUEIL

DE DIVERSES

PIECES

Sur la Philosophie, les Mathematiques,
l'Histoire &c.

PAR

M. de LEIBNIZ.

Avec II. Lettres où il est traité de la Philosophie
& de la Mission Chinoise, envoyées à Mr. de
LEIBNIZ par le P. BOUVET,
Jesuite à Pekin.

Publiées avec des Remarques sur la Correction de la Philosophie Scholastique selon
les principes de Mr. de LEIBNIZ,

PAR

CHRETIEN KORTHOLT,

Maître ès Arts, Assesseur de la Faculté Philosophique,
& Collégiate du Collège des Princes à Leipzic.

A HAMBOURG,
Chez *ABRAM VANDENHOECK,*
Libraire & Imprimeur. 1734.

A SA MAJESTÉ
GUILELMINE CHARLOTTE,
REINE DE LA GRANDE BRETAGNE.

MADAME,

VOTRE MAJESTÉ *souffrira que j'ose mettre à ses pieds un petit ouvrage, qui lui apartient par plusieurs endroits. Feu* M. Leibniz, *qui en est l'Auteur, a été de ses sujets: & le* ROI, VOTRE BEAU-PERE *de glorieuse memoire, l'a apellé sa Bibliothéque vivante. De plus* VOTRE MAJESTE' *l'a honoré particulierement de sa protection, & a porté Elle-même un jugement si avantageux de ses ouvrages, que tous ses écrits meritent pour cela même d'être conservés. C'est aux lumieres de* VOTRE MAJESTE' *que la république des Lettres doit déja un trésor qu'elle estime avec raison; je veux dire la correspondance de* M. Leibniz *avec* M. Clark. *Tout le monde admire les recherches sublimes que ces deux Savans ont fait sur les points les plus importans de la Philosophie sous les auspices & les yeux de* VOTRE MAJESTE', *lorsqu'Elle étoit encore* PRINCESSE DE GALLES: *& on reconnoît géneralement, qu'ils ont eu raison de soumettre leurs disputes à la penétration d'une* PRINCESSE *si éclairée, dont la décision est superieure à toute exception.*

Commé

DEDICATION.

Comme le recueil, qui paroît ici, peut servir en quelque sorte de suplement aux diverses pieces de M. Leibniz, qui ont eu le bonheur de plaire à VOTRE MAJESTE'. J'espere, MADAME, qu'Elle daignera cet ouvrage de quelque regard de sa grace, comme Elle donne en toute occasion des marques éclatantes de ses sentimens genereux pour les Lettres. Le Ciel, qui a destiné VOTRE MAJESTE' à les protéger, couronne d'un succès perpétuel tout ce qu'Elle entreprend pour le bien public, & le bonheur de ses peuples. Puisse VOTRE MAJESTE' avec le ROI, SON AUGUSTE EPOUX regner longtems sur le throne, qu'Elle occupe si dignement & avec tant de gloire. Puissent les PRINCES & PRINCESSES de sa famille Royale arriver au comble des prosperités convenables à leur naissance, & aux vertus qui leur sont heréditaires, & qui les rendent les delices & l'admiration du genre humain. Pour moi je m'estimerai infiniment heureux, si VOTRE MAJESTE' daigne de recevoir ces voeux, que je joins à ceux de ses fideles sujets, comme des marques de ma devotion ; & si Elle agrée à même tems les hommages que je viens de lui rendre avec un très profond respect, comme, MADAME,

DE VOTRE MAJESTE'

Le très humble

Et très obéissant serviteur,

A Londres ce 25 Dec.
l'an 1733.

CHRETIEN KORTHOLT.

PREFACE.

IL n'y a pas longtems que j'ai publié à Leipzic avec mes Remarques un Recueil de Lettres manuscrites, écrites à divers Savans par feu M. de *Leibniz*, qui roulent sur des matieres importantes & utiles. Maintenant je donne de nouveau un abregé qui ne contient que des Pieces Françoises envoyées par le même Auteur à des personnes d'érudition & illustres. On y trouvera des observations qui sans doute seront du goût des Savans La premiere Collection imprimée à Leipzic peut être regardée comme une continuation des *Miscellanea Leibnitiana*, qu'on fait avoir aussi été publiés à Leipzic avec aplaudissement par M. *Telcek*. Il y a de plus une suite pareille à celle-ci, du Recueil des diverses pieces sur la Philosophie, &c. par M. de *Leibniz*, que le celebre M. des *Maizeaux* fit imprimer en 1720. en deux Volumes à Amsterdam, & qui ont été si bien reçus du public.

Ces Lettres me sont venues par le même canal, qui me procura celles que j'ai fait imprimer à Leipzic, & dont j'ai parlé dans ma Preface. Mon pere, *Sebastien Kortholt*, Professeur ordinaire dans

* 3   l'A-

Comme, par exemple le Soleil agit fur tous les hommes qu'il éclaire, & n'eft pas pourtant préfent à tous *dimenfionaliter*, dimenfionellement. J'ai parlé fort au long de cet argument de M. *Leibniz* dans une de mes remarques fur fa Lette XXII. à M. l'Abbé *Fabrice*, que j'ai déja citée. Ainfi j'ajouterai feulement que le deffein de M. *Leibniz* étoit de faire voir par cet argument, qu'on n'avance pas des chofes contradictoires, quand on foutient, que le corps *finitum* de JESUS-CHRIST eft préfent dans le ciel & dans l'union facramentele de l'Eucharistie. Mais il n'a pas eu la témérité de determiner pleinement la maniere de la préfence facramentelle, qui eft un miftere, comme tous les Lutheriens l'avouent. Il fuffifoit au but de M. *Leibniz* d'avoir indiqué de quelle maniere la chofe fe peut faire, & il n'eft pas néceffaire qu'on puiffe apliquer cette maniere-là, felon toutes fes circonftances, à la chofe dont il s'agit.

Après ces remarques de la préfence facramentelle fuit un poëme de la façon de M. *Leibniz*, intitulé : *Fable morale fur la néceffité de la perféverance dans les confeils falutaires à l'Etat.* Il a même déja été donné une fois au public. Mais j'en ai procuré une féconde édition, cette petite piece étant devenue rare, & n'ayant pas même jufqu'ici été mife entre les écrits de M. *Leibniz* ; cependant M. *J. G. Eccard* affure dans une Lettre écrite à mon Pere, & datée du 26. d'Août 1717. qu'elle eft de M. *Leibniz*, & que c'eft faute de memoire qu'il ne l'a pas comptée entre les écrits de cet excellent homme. Il faut confulter ici ma dite Collection des Lettres de M. *Leibniz*, & même ma remarque à la Lettre CXV. p. 310 fu. La traduction en vers Latins de ce poëme a été compofée à Vienne en 1713. par le même Autheur.

Il me refte à dire un mot des pieces fuivantes, qui concernent l'Hiftoire.

Après

Après ces Lettres de M. *Leibniz* il en suit quelques
autres, qui peuvent servir à l'éclaircissement de l'Histoire en géneral, & surtout de l'Histoire literaire.
La premiere est intitulée: *Lettre* de M. *Leibniz* sur la
Connexion des Maisons de Brounsvic & d'Este. Quoique cette piece ait déja vu le jour à Hanover en 1695.
chez Samuel Ammon, Imprimeur de la Cour, elle
est pourtant devenue aussi rare qu'un manuscrit, parcequ'on n'en a imprimé que fort peu d'exemplaires, cequ'on a seulement distribué entre les amis. L'illustre
Auteur a touché en passant la même matiere dans la
Preface du Tome troisieme des Ecrivains qui servent à illustrer l'Histoire de Brounsvic § XXVIII.
Vous y trouverez aussi au commencement de ce Tome
pag. 1. su. une Lettre très ample & pleine d'érudition
du celebre *Muratorius* à M. de *Leibniz* sur le même
sujet.

Après cette piece de M. *Leibniz* je produis les Lettres de M. *Leibniz* à feu M. *Grimarest*, Maître de
Langue à Paris, homme savant, & un des plus habiles de sa profession. L'Auteur prenoit plaisir à a-
prendre des nouvelles literaires de la France, dont on
ne fait point de mention dans les journaux. C'est
pourquoi il s'adressoit à feu Monsieur *Joel Jean Kortholt*, mon Oncle, qui accompagnoit quelquefois comme en 1710. & 1711. des gentilshommes en France.
Ce fut lui qui lui procura l'adresse de M. *Grimarest*,
& qui lui a fait part des nouvelles literaires, qui ont
donné occasion à M. *Leibniz* d'en porter son jugement. On trouvera donc dans cette correspondance de bonnes remarques des vers de M. *de la Motte*,
de l'utilité des principes méchaniques dans la Phisique
& la Médecine, des arts méchaniques des Anciens;
des demi Savans, de la digestion, de la comparaison
entre la Médecine & l'art de la guerre &c. L'Auteur

* 5 traite

traite auſſi dans la ſeconde Lettre à M. *Grimareſt* du
4. Juin 1712. du projet de M. l'Abbé de *St. Pierre*
pour maintenir une paix perpétuelle. Cet Abbé
l'avoit envoyé à M. *Leibniz*, & lui en avoit demandé
en même tems ſon ſentiment. Il lui répondit dans
une Lettre particuliere, où ſe trouvent ſes obſervations ſur le projet de ladite paix de M. l'Abbé de
St. Pierre. On trouve l'un & l'autre dans le Recueil des diverſes pieces de M. *Leibniz* publiées par
M. des *Maizeaux.* Celui qui a fait imprimer ce
Recueil parle de cette piece dans ſa Preface p. LXXI.
Voici comme il s'en exprime : on regarde d'ordinaire, dit-il, ces ſortes d'Ouvrages comme des Romans
politiques : mais Monſieur *Leibniz* juge plus favorablement de celui-ci. ,, Je ſuis perſuadé, conti-
nue-t-il, ,, qu'un tel projet en gros eſt faiſable, &
,, que ſon exécution ſeroit une des plus utiles choſes
,, du monde. " Mais il ſemble que M. *Leibniz* ait
ſeulement loué & aprouvé en géneral le but de M.
l'Abbé de *St. Pierre*, de procurer une paix perpétuelle, & qu'il ait néanmoins regardé ſon projet
comme un Roman. Car il dit en propres termes,
dans la ſudite Lettre à M. *Grimareſt*; voilà des projets, qui réuſſiront auſſi aiſément que celui de M.
l'Abbé de *S. Pierre.* Mais puiſqu'il eſt permis de
faire des Romans, pourquoi trouverions-nous étrange une fiction, qui nous rameneroit le ſiecle d'or.

Je dois dire de la correſpondence de M. *Leibniz* a-
vec M. *Conrad Widou*, Sénateur de la République
de Hambourg, homme très ſavant, ce que j'ai a-
vancé de l'argument des Lettres envoyées à M. *Grimareſt.* M. *Leibniz* vouloit profiter du voyage litte-
raire de M. *Widou*, qui lui a communiqué des nouvelles ſavantes, qui deviennent preſentement utiles
au public. M. *Leibniz* renvoya reciproquement
                                                    d'autres

d'autres pieces nouvelles, avec fon jugement fur celles, qu'il avoit reçues. Voilà pourquoi qu'on ren-
contre dans ces Lettres des remarques fur le projet de
M. l'Abbé de *St. Pierre* d'une paix perpétuelle, du
calcul differential & d'autres matieres, auffi bien que
des éloges d'hommes celebres, par exemple de M. le
D. *Jean Jacques Mascou*, Confeiller Aulique, de M.
Maturin Veyffiere la Croze, Confeiller & Antiquaire
à Berlin & d'autres Savans.

On peut voir par les Lettres envoyées à M. *Charles Guftav Heræus*, Confeiller de Sa Majefté Imperiale & Antiquaire à Vienne, qui fuivent immédiatement celles à Mr. *Widou*, que le but de M. *Leibniz* étoit de porter l'Empereur à établir à Vienne
une Academie Imperiale & Royale des Sciences. Quelques perfonnes animées d'un zele indifcret pour la Religion, mais fur tout les Jefuites s'y opoferent, parceque les nouvelles decouvertes leur étoient fufpectes,
& qu'ils ne pouvoient fouffrir qu'un Proteftant s'en
mêlat. M. *Leibniz* au contraire, comme je le puis
faire voir par quelques-unes de fes Lettres, qui ne
font pas encore publiques, foutenoit, qu'une telle
Société des Sciences & des Arts étoit d'une utilité ef-
fentielle dans un Etat pour y faire fleurir véritable-
ment le commerce, les manufactures, l'agriculture,
& tout ce qui peut contribuer à l'entretien de la vie,
& qu'elle fervoit autant à fournir des marchandifes,
qu'à les bien employer. „ L'établiffement, difoit-
„ il, d'un bon College des Sciences & des Arts, eft
„ comme l'Ame du Commerce & de la bonne éco-
„ nomie &c. ``

Après les Lettres écrites par M. *Leibniz* lui-même
fuivent deux autres écrites de Pekin capitale de la
Chine à M. *Leibniz*, par le très celebre Pere *Bouvet*,
Miffionaire de la Compagnie de JESUS. Quoique la

pre-

premiere s'adreſſat directement au P. *Gobien*, il a pourtant deſiré expreſſement qu'on la fit tenir à M. *Leibniz*. C'eſt pourquoi j'y ai ajouté la Lettre du P. *Gobien* à notre *Leibniz* par laquelle il lui envoye celle du Pere *Bouvet*. J'eſpere que ces Lettres manuſcrites & qui n'avoient pas encore vu le jour donneront quelque relief à cette Collection, d'autant plus qu'elles contiennent des obſervations utiles ſur la Philoſophie & ſur la Miſſion Chinoiſe, & qu'elles peuvent de plus ſervir de continuation au livre de M. *Leibniz* intitulé : *Noviſſima Sinica.*

Le P. *Gobien* avertit dans ſa Lettre, que l'Empereur de la Chine a déclaré publiquement, que ce que les Chinois font pour honorer *Confucius*, leurs ancêtres &c. ne font que des ceremonies purement civiles & politiques. Le P. *Bouvet* aſſure dans ces deux Lettres, qu'il n'y a pas de meilleur moyen de porter les Chinois à embraſſer la Religion Chrétienne, que de leur faire voir que les plus anciens Philoſophes Chinois ont avancé des dogmes, qui montrent le chemin à la veritable Religion Chrétienne. La raiſon eſt que ces peuples ont une déference extraordinaire pour leurs ancêtres, & principalement pour leurs anciens Philoſophes. Le Pere *Bouvet* ſoutient auſſi, que l'ancienne Philoſophie Chinoiſe eſt plus pure, & beaucoup préferable à la nouvelle qui eſt remplie des ſuperſtitions. Il fait voir, que la plupart des écrits de la Chine ne font que des monumens fideles de la tradition la plus ancienne, que les Peres communs de toutes les nations ont laiſſée à leur deſcendans, & que les Chinois ont conſervée plus ſoigneuſement, que les autres. Sur tout il fait beaucoup de cas d'un ſyſteme que leur premier Legiſlateur Fo-HII leur a tranſmis dans cette celebre figure compoſée de 64 caracteres & de 384 petites lignes entieres & briſées diverſement combinées entre elles

elles. Il prétend que ce fysteme de Fo-HII n'eſt qu'une métaphiſique numeraire ou une méthode génerale des Sciences très parfaite. Ce ſentiment du Pere *Bouvet* eſt bien probable, quoique je ne nie pas, qu'on ne puiſſe revoquer en doute beaucoup de choſes qu'il a avancées. J'ai formé le deſſein d'examiner avec ſoin cette matiere & de la traiter plus amplement, quand je donnerai au public avec mes remarques quelques manufcrits de M. *Leibniz*, qui concernent cet argument, & qu'on n'a pas encore mis au jour. Il ſuffit qu'après les Lettres du Pere *Bouvet* j'ai ajouté quelques remarques de M. *Leibniz*, qui font voir que l'Auteur eſt du ſentiment du-dit Pere. Je les ai tirées d'une Lettre de M. *Leibniz* à M. *Remond* & je les publierai un jour avec mes obſervations.

A la fin de cette Collection j'ai ajouté mes Remarques ſur la correction de la Philoſophie Scholaſtique ſelon les principes de M. *Leibniz*. Je crois qu'elles s'accorderont avec ma Collection, parce qu'elles font voir la préference de la Philoſophie de M. *Leibniz* ſur beaucoup d'autres manieres de philoſopher. Cette préference dépend ſans doute d'un juſte uſage des regles d'une ſaine Logique. Une autrefois j'augmenterai ces Remarques. Que ſi dans quelques endroits je me ſuis trompé je prie mes Lecteurs, de me faire voir en quoi. Ils me trouveront toujours prêt à les corriger, ou à m'expliquer plus amplement.

Je les ſupplie auſſi, de juger de ce Recueil, que je leur préſente, comme M. *Leibniz* avoit acoutumé des ouvrages qui n'étoient pas de ſa façon. Je ſuis toujours plus porté, dit-il, dans une Lettre du 4. de Juin 1712. à M. *Grimareſt* : „à louer ce qu'il y a de bon „ dans les ouvrages, qu'à critiquer ce qu'il y a de „ mauvais. ”

Le

Il me reste de dire que les Lettres écrites à Monsieur *Pfeffinger*, Professeur à Lunebourg, contiennent des recherches sur les antiquités de Lunebourg. On y trouve des choses très curieuses & particulieres sur le monastere fameux de S. Michel.

TABLE

Des Pieces contenues dans ce Tome.

XXIV. Let-

TABLE.

LETTRES

DE

M. LEIBNIZ.

I.

LETTRE de M. LEIBNIZ à M. DANGICOURT, écrite le 11. Sept. 1716.

MONSIEUR,

JE suis ravi qu'un esprit aussi mathematicien que le vôtre s'aplique aussi à des recherches philosophiques. Cela aidera à mon dessein de rendre la Philosophie demonstrative. Il me semble que nos sentimens ne sont pas fort éloignés l'un de l'autre. Je suis aussi d'opinion qu'à parler exactement il n'y a point de substance étendue. C'est pourquoi j'apelle la matiere *non substantiam* sed

A *substan-*

substantiatum. J'ai dit en quelques endroits (peut-
être de la Theodicée, si je ne me trompe) que la matiere n'est qu'un phénomene reglé & exact qui ne
trompe point , quand on prend garde aux regles ab-
straites de la raison. Les veritables substances ne sont
que les substances simples , ou ce que j'apelle *Monades.* Et je crois qu'il n'y a que des monades dans la
nature, le reste n'etant que les phénomenes qui en re-
sultent. Chaque monade est un miroir de l'univers
selon son point de vue acompagnée d'une multitude
d'autres monades qui composent son corps organique
dont elle est la monade dominante. Et en elle même il n'y a que perceptions & tendances à des nouvelles perceptions & apetits comme dans l'univers
des phénomenes il n'y a que figures & mouvemens.
La monade donc envelope par avance en elle ses
états passés ou futurs en sorte qu'un *omniscient* l'y
peut lire , & les monades s'accordent entre elles étant
des miroirs d'un même univers mais differemment
representé , c'est comme une multiplication d'un
même univers à l'infini quoique l'univers même
soit d'une diffusion infinie. C'est en cela que consiste mon Harmonie préétablie. Les monades, (dont
celles qui nous sont connues sont apellées Ames)
changent leur état d'elles mêmes selon les loix des
causes finales ou des apetits, & cependant le regne des
causes finales s'accorde avec le regne des causes effi-
cientes qui est celui des phénomenes. Cependant je
ne dis point que le *continuum* soit composé de points
géométriques , car la matiere n'est point le *continuum*, & l'étendue continuelle n'est qu'une chose
idéale consistant en possibilités qui n'a point en elle
des parties actuelles. Les touts intellectuels n'ont
des parties qu'en puissance. Ainsi la ligne droite n'a
des parties actuelles qu'autant qu'elle est actuellement
sousdivisée à l'infini , mais s'il y avoit un autre ordre des choses les phénomenes feroient qu'elle seroit
autre-

autrement fousdivifée. C'eft comme l'unité dans l'Arithmétique qui eft auffi un tout intellectuel ou idéal divifible en parties, comme par exemple en fractions non pas actuellement en foi (autrement elle feroit reduifible à des parties minimes qui ne fe trouvent point en nombres) mais felon qu'on aura des fractions affignées. Je dis donc que la matiere qui eft quelque chofe d'actuel ne refulte que des monades, c'eft-à-dire de fubftances fimples indivifibles, mais que l'étendue ou la grandeur géométrique n'eft point compofée des parties poffibles qu'on y peut feulement affigner, ni refoluble en points, & que les points auffi ne font que des extremités & nullement des parties ou compofans de la ligne.

Pour ce qui eft du calcul des Infinitefimales, je ne fuis pas tout à fait content des expreffions de Monfieur HERMAN dans fa réponfe à Monfieur NIEUWENTYT ni de nos autres amis. Et M. NAUDE' a raifon d'y faire des oppofitions. Quand ils difputerent en France avec l'Abbé GALLOIS, le Pere GOUGE & d'autres, je leur temoignai, que je ne croyois point qu'il y eut des grandeurs veritablement infinies ni veritablement infinitefimales, que ce n'étoient que des fictions, mais des fictions utiles pour abréger & pour parler univerfellement, comme les racines imaginaires dans l'Algebre telles que $\sqrt{(-1)}$; qu'il faut concevoir par exemple (1) le diametre d'un petit élement d'un grain de fable, (2) le diametre du grain de fable même, (3) celui du globe de la terre, (4) la diftance d'une fixe, de nous, (5) la grandeur de tout le fyfteme des fixes, comme (1) une differentielle du fecond degré, (2) une difference du premier degré, (3) une ligne ordinaire affignable, (4) une ligne infinie; (5) une ligne infiniment infinie. Et plus on faifoit la proportion ou l'intervalle grand entre ces degrés plus on aprochoit

choit

choit de l'exactitude & plus on pouvoit rendre l'erreur petite & même la retrancher tout d'un coup par la fiction d'un intervalle infini qui pouvoit toujours être réalisée à la façon de demontrer d'Archimede. Mais comme M. le Marquis DE L'HOSPITAL croyoit que par là je trahissois la cause, ils me prierent de n'en rien dire outre ce que j'en avois dit dans un endroit des Actes de Leipzig & il me fut aisé de deferer à leur priere.

Pour venir enfin à $\frac{0}{\infty}$ ou zero divisé par l'infini & choses semblables, je dis que cela aussi ne peut avoir lieu que dans une interprétation commode en prenant zero pour un nombre d'une grande petitesse & l'infini pour un nombre très grand. Or plus vous diminuerez le numerateur & plus vous augmenterez à proportion le denominateur de la fraction, plus vous aprocherez du zero $\frac{1:10}{10} = \frac{1}{100}$ & $\frac{1:100}{100} = \frac{1}{10000}$

& $\frac{1:1000}{1000} = \frac{1}{1000000}$ ce qui va vers $\frac{0}{\infty} = 0$, ou

$\frac{1:\infty}{\infty} = 0$, ou $\frac{1}{\infty\infty} = 0$, de sorte que le quarré de l'infini multiplié par le zero donneroit l'unité. Mais on peut dire que cela y va & non pas qu'il y arrive; car à la rigueur *nihilum* qui est l'extremité des nombres en diminuant devroit ainsi être divisé par *omnia* qui est l'extremité des nombres en augmentant. Mais l'*omnia* pris comme *numerus maximus* est une chose contradictoire comme *numerus minimus*. Les deux extremités *nihil* & *omnia* sont hors des nombres; *extremitates exclusæ non inclusæ*.

Il est aisé de tomber dans des paralogismes quand on ne rectifie ces choses par les idées que je viens de donner. Un habile Mathematicien de Pise nommé GUIDO GRANDI avoit soutenu qu'une infinité de riens ou zeros ajoutés ensemble faisoient une grandeur assignable, & ainsi par une elegante allégorie il illu-

illuſtroit la production des créatures du rien par le moyen de l'infini. M. ALESSANDRO MARCHETTI autre habile Mathematicien de Piſe s'y oppoſa diſant, qu'une infinité de riens ne feroit jamais autre choſe que rien. Et prenant le rien à la rigueur. il avoit raiſon. Cependant le Pere GRANDI prouvoit ſa propoſition par la diviſion : Vous ſavez, Monſieur, qu'en diviſant $\frac{1}{1 \times 2}$ ou $1 : 1 \times a = 1 - a \times$

$a \overset{2}{-} \overset{3}{a} \times \overset{4}{a} \overset{5}{-} a$ &c. à l'infini. Donc a étant 1. il viendra $\frac{1}{1 \times 1} = 1 : 2 = 1 - 1 \times 1 - 1 \times 1 - 1$ &c. à l'infini ce qui fera $\frac{1}{2} = 0 \times 0 \times 0 \times 0$ &c. On m'a conſulté là-deſſus & voici comme je crois d'avoir dechifré l'énigme. Il ne faut point dire qu'une infinité de riens pris à la rigueur faſſent quelque choſe, auſſi cette ſeries ne le dit point quoiqu'elle paroiſſe le dire. Pour le bien entendre il faut la reſoudre en ſeries finies aprochantes de l'infinie. Soit donc la ſeries $1 - 1 \times 1 - 1$ &c. finie, alors ſi vous prenez un nombre impair, par exemple 7 unités $1 - 1 \times 1 - 1 \times 1 - 1 \times 1$ le tout fait 1. Or lorſque cela ſe termine dans l'infini ou il n'y a ni pair ni impair, il faut prendre le milieu arithmétique entre 1. & 0. qui eſt $\frac{1}{2}$. Car dans les eſtimes ambiguës quand il n'y a pas plus de raiſon pour l'un que pour l'autre il faut prendre le milieu arithmétique. Par exemple entre 1 & m il faut prendre $\frac{1 \times m}{2}$ c'eſt-à-dire $\frac{0 \times 1}{2}$ c'eſt-à-dire $\frac{1}{2}$.

J'ai taché de m'expliquer & j'eſpere d'avoir réuſſi paſſablement à l'égard d'une perſonne de votre penétration ; mais quant aux difficultés qui peuvent reſter dans une matiere auſſi difficile que celle dont il s'agit, je tâcherai d'y fatisfaire, & ce fera le moyen d'éclaircir la verité. Au refte je fuis avec zele & eftime.

II.

A Monfieur M A R I N O N I,

Mathematicien de Sa Majefté Imperiale.

MONSIEUR,

JE vous remercie de votre fouvenir favorable, & de vos bons fouhaits. Je tâche toujours de me dépécher pour commencer mon voyage avant la mauvaife faifon.

Le Reverend P. AUGUSTIN & moi, nous communiquons quelques fois fur des problemes d'Arithmétique à la façon de DIOPHANTE, où il paroît bien verfé. Cette maniere d'analyfe eft encore fort éloignée de fa perfection. Dans la Géometrie ordinaire l'art de donner de bonnes inftructions ne l'eft pas moins.

Je ne fais fi depuis quelque tems vous avez eu des nouvelles, Monfieur, de M. le Comte de HER-BERSTEIN; je m'imagine qu'il ne fera plus dans Prague. J'avois penfé de paffer par la Boheme, & d'avoir l'honneur de le voir: mais depuis que la contagion s'y eft gliffée, fur tout à Prague, je ferai obligé de prendre la route de Nurenberg. En cas que vous lui écrivez, je vous prie de lui faire mes recommandations.

Je me fervirai de vos offres obligeans, fi l'occafion s'en prefente, & on pouroit concerter les chofes avec M. HERÆUS à fon retour, pour entretenir l'Empereur & quelques-uns de Meff. les Miniftres

dans

dans leurs bonnes intentions pour avancer le deffein de la société des Sciences. Et je fuis avec paffion,

M. v. tr. h.

Vienne ce 2. d'Octobre, 1713.

LEIBNIZ.

III.

A U M E M E.

MONSIEUR,

SI nous pouvons porter l'Empereur à faire faire un Gnomon dans l'Eglife de S. Charles, ce feroit déja quelque pas. Je ne fais fi la hauteur & la longueur fera affez confiderable : mais cela vaudra toujours mieux que rien, & donnera quelque encouragement. J'en écrirai un mot à la Majefté de l'Imperatrice AMALIE, quand vous m'aurez mandé, Monfieur, après l'infpection, que la chofe eft faifable, & que M: de FISCHERS en demeure d'accord.

Pour ce qui eft de l'obfervatoire, à la Cour, il faudroit lui donner un exhauffement confiderable, & il faudroit examiner, fi les fondemens font fuffifans, Il faudroit qu'il eût au moins la hauteur *der Meel-grube*, & quelque chofe de plus pour avoir quelque étendue de vue. Je voudrois qu'il ne cédat point à la hauteur de l'obfervatoire de Berlin. Ainfi on pouroit auffi avoir place pour y mettre des modeles, des Machines, des Inftrumens, un théâtre Anatomique, & autres curiofités, auffi bien que des papiers & livres ; & on pouroit auffi accommoder plus de perfonnes propres pour des experiences & obfervations.

J'avois cru que l'Empereur vouloit faire faire un grand bâtiment hors de la ville, pour y mettre la

nou-

nouvelle Favorite, un peu au-deſſus de l'ancienne. Mais puiſque vous n'en parlez point, Mr. il paroît que ce projet a été differé peut-être juſqu'à ce que la guerre ſoit finie, ou qu'on ſache, qu'il n'y en aura point ſi-tôt. Mais il vaut mieux que l'obſervatoire ſoit dans la ville, pour être plus à la portée des gens.

Le bâtiment du *Neu-Gebeu*, pouroit, ſelon la penſée de M. de SCHIRENDORF, être employé à peu de frais à une eſpece de Théâtre Mecanique, contenant toute ſorte d'arts mécaniques & manufactures. Je vous ſuplie de lui faire mes complimens auſſi-bien qu'à M. GENTILOTI & à M. de FISCHERS. Je voudrois que M. de SCHIRENDORF eût été à Vienne lors qu'on à travaillé au projet de la Banque, il auroit peut-être donné de bons avis. Maintenant on y parle de quelque changement là-deſſus. Mais les frequens changemens font du tort, à moins que leur utilité ſoit bien viſible & bien grande. Et il faut penſer à quelque chôſe qui ſoit ſi ſolide qu'il puiſſe enfin ſubſiſter. M. de SCHIRENDORF m'obligeroit s'il me vouloit un peu mander ſon ſentiment ſur ces choſes. Car il en a une parfaite information, & juge ſolidement de ces matieres. On me dit que M. SPREISSAT n'eſt pas content de l'établiſſement de la Banque qu'on a fait, & prétend que c'eſt lui qui en a donné les premiers avis, mais qu'on ne les a point ſuivis aſſez, & qu'on ne l'a point employé là-dedans. Je vous ſuplie de faire auſſi mes complimens au R. P. VOLS; j'ai vu le titre d'un livre de ſa façon dans le Catalogue de Leipzig, mais je n'ai point vu le livre même.

La ſolution du probleme Italien donnée par le P. AUGUSTIN, & auſſi la vôtre ont été miſes dans les *Acta Eruditorum* de Leipzig. Je ſuis avec paſſion,

Monſieur, *v. tr. h. ſ.*

Hanover ce 6 de Juin, 1716.

LEIBNIZ.

IV.

AU MEME.

MONSIEUR,

JE vous remercie de vos bons souhaits de la nouvelle année, & je vous souhaite reciproquement toute sorte de contentement pour cette nouvelle année, & pour beaucoup d'autres. Je suis bien aise d'aprendre de plus en plus que l'Empereur est porté à la promotion des sciences & des beaux arts.

J'ai la pensée qu'il faudroit tâcher de faire un Gnomon à Vienne, comme celui que M. CASSINI a fait autrefois à Bologne, & comme M. BIANCHINI en a fait un à Rome; qui sont expliqués dans des ouvrages faits exprés là-dessus. Il me semble que j'ai trouvé dans le *Giornale de Letterati* qui s'imprime à Venise, qu'un particulier Italien a fait quelque chose d'aprochant dans une ville d'Italie, dont je ne me souviens pas. Je crois qu'on pouroit faire un tel Gnomon dans l'Eglise de S. Etienne de Vienne, en faisant un trou en haut, & que les tours ne l'empêcheroient pas, comme je crois d'avoir remarqué quand j'y étois. Je vous prie, Monsieur, de mediter un peu sur cette matiere, de tâcher de voir les ouvrages qui en traitent, & de m'en dire un jour votre sentiment.

Je ne sais si M. MULLER, Ingenieur & Géographe, qui travailloit en Boheme ou en Moravie par ordre, est maintenant à Vienne. En ce cas je vous prie, Monsieur, si vous en trouvez l'occasion, de lui faire mes complimens, & de lui dire, que j'espere qu'il aura reçeu ma réponse à sa lettre, que je lui ai écrite, étant encore à Vienne. Le R. P. VOLS demeure-t-il à Vienne? Comme il est plutôt

Practi-

Practicien que Théoricien, j'espere qu'il aura donné de bonnes observations practiques, dans l'optique par exemple, ou matieres semblables. Je serai bien aise d'aprendre s'il y a quelques autres habiles gens dans les sciences parmi les Jesuites, ou autres religieux des pays hereditaires. Il y en a un à Breslau en Silesie, qui paroît être un bon observateur.

M. Wolfius, Professeur à Hall, est fort diligent, & y enseigne avec aplaudissement.

Le R. P. Augustin a fait une belle decouverte, en donnant des Cubes Magiques. Si vous m'écrivez un jour, Monsieur, je vous prie de donner toujours la lettre à M. Theobald Schöttel. Au reste je suis avec passion,

Monsieur   u. tr. h. s.

Hanover ce 9. de   LEIBNIZ.
Jan. 1716.

V.

A U M E M E.

Monsieur,

J'Ai differé de répondre à l'honneur de votre lettre, jusqu'à ce que j'eusse écrit à son Excellence M. le Grand Chancelier Comte de Sinzendorf, j'ai parlé entre autres choses du Gnomon qu'on pouroit faire dans l'Eglise de S. Etienne, & j'ai ajouté, que vous pouriez, Monsieur, lui en donner des informations s'il veut bien vous en parler. Ainsi il ne seroit peut-être pas mal, qu'un jour vous allassiez voir ce Ministre, & en vous raportant à ce que je lui ai écrit, lui parler sur cette matiere. Je crois que si l'Empereur temoignoit de l'inclination pour une telle chose, Monsieur l'Evêque de
Vienne,

Vienne, & Messieurs les Chanoines de la Cathédrale le feroient exécuter. Car ce seroit un embellissement de leur Eglise, & ils ont des fonds considerables pour a fabrique. Ce seroit au moins un petit pas.

Je vous suplie, Monsieur, de faire mes complimens au R. P. Vols, chez qui je crois avoir été un jour à Lintz. Je suis bien aise que les Reverends Peres Jesuites ont à Vienne une personne de son habileté dans les sciences curieuses. Comme aussi de faire des complimens reciproques de ma part à M. de Shirendorf, que j'estime toujours beaucoup. On devroit le consulter à mon avis sur les matieres bancales & autres qui ont connexion avec cette matiere.

Le *Neu-Gebeu* seroit assez propre pour les manufactures & arts mecaniques de toute sorte.

Je crois que le R. P. Augustin a surpassé les François qui ont commencé de donner des Cubiques Magiques. Il est fort profond & capable d'aprofondir les matieres; il seroit à souhaiter qu'il fût plus jeune. Mais il a encore toute la vivacité possible dans l'age où il se trouve.

Je crois que le Rme Pere Confesseur de la Majesté de l'Imperatrice Amalie vous poura donner ou procurer tous les *Giornali de Letterati* de Venise, & vous y trouverez, Monsieur, qu'un particulier Italien (je ne me souviens pas dans quel endroit de l'Italie) a fait quelque chose de joli avec son Gnomon, qui meritera d'être consideré. Ce Livre ne se trouve point ici, ce qui m'empéche de vous en dire davantage. Au reste je suis avec passion,

Monsieur, *v. tr. b. s.*

LEIBNIZ.

Hanover ce 29 de Mars 1716.

A

VI.

A Madame la Générale de WEILER, *née Blumenthal.*

MADAME,

PUisque vous avez eu la bonté de temoigner à mon depart que vous ne feriez point fachée de recevoir de mes nouvelles, je me donne l'honneur de vous écrire pour aprendre des vôtres, où je m'interefferai toujours beaucoup.

Je fuis arrivé en bonne fanté, graces à Dieu, & quoique je n'aye plus trouvé le Roi ni le Prince, j'ai fait ma cour à Madame la Princeffe de Galles, qui m'a logé à Herrnhaufen, afin que je fuffe plus à portée pour le peu de tems qu'elle nous devoit refter. En effet elle part Vendredi, c'eft-à-dire après demain. Et Mefdames les deux petites-Princeffes ont pris hier les devants. Hanover en eft bien defolé: il n'y refte que le petit Prince (que quelques-uns apellent déja Duc de Cornouaille) M. le Duc ERNESTE AUGUSTE Frere du Roi, & la troifieme des petites Princeffes, qui n'a pu aller en voyage à caufe de fon indifpofition. J'ai eu occafion de parler de vous, Madame, à Madame *la Princeffe Royale, elle s'eft fouvenu de votre perfonne fort favorablement, & a confervé pour vous une bonté dont je crois qu'elle donneroit des preuves fi l'occafion s'en prefentoit.*

Nous fommes ravis d'aprendre que la forte cure que l'Imperatrice regnante a fubie à Bade n'a point nui à fa fanté, & nous en efperons de bons effets, que Dieu veuille donner.

Le Roi de la Grande Bretagne a été reçu en Hollande comme un autre Sauveur. En effet on y devoit tout craindre des intrigues du miniftere précédent avec la France & l'Efpagne. J'efpere que nous

apren-

aprendrons que les Anglois à son arrivée auront encheri sur les Hollandois.

Ayez la bonté, Madame, de faire mes complimens à M. le Géneral, à Monsieur & Madame de CLEINBOURG, à votre Reverend voisin, & à d'autres où vous le jugerez à propos. Je serai curieux d'aprendre ce que vous aura répondu votre savant ami de Berlin. Monsieur l'ENFANT nous a envoyé une Ode sur le Roi. Je suis avec respect,

Madame,   *votre,*

Hanov: ce 10. d'Oc-   LEIBNIZ.
tobr. 1714.

Sur le Livre intitulé de

PHILOSOPHIA ET AMORE,

Dedié à Madame la Baronne de KLEINBOURG.

L'*Amour* & la *Philosophie*
   Etoient en grande brouillerie:
Car le Philosophe distrait
N'étoit pas des Dames le fait;
Et la Dame Philosophine
Ne faisoit pas trop bonne mine,
Lorsqu'elle chassoit maint amant
Par son esprit contredisant.
En vain la *Raison* prit la peine
De faire cesser la Fredaine,
Le Caprice brouilloit toujours
La Philosophie & *l'Amour.*
Enfin les voisins charitables
Pour être en repos desormais,
Tâcherent de faire la paix.
On employa le bon office

D'une

D'une adroite Médiatrice,
Et l'on y joignit par bonheur
Un habile Médiateur.
Dame Beauté fut la premiere,
Qui ne fait pas toujours la fiere.
Son compagnon, à ce qu'on dit,
S'apelloit *Monseigneur l'Esprit.*
Il falloit une conference
Pour-mettre l'affaire en balance.
On amena chez *la Kleinbour,*
La Philosophie & l'Amour.
Esprit, Beauté s'y rencontrerent,
Et la paix ensemble fignerent. -
Les articles qu'on a fignés
Sont chez *la Kleinbourg* observés.
Chez Elle on voit en compagnie
La Beauté, la Philosophie,
Et *l'Esprit* s'y trouve toujours
Et quelques fois encor *l'Amour.*

VII.

REMARQUES PHILOSOPHIQUES *de* M. LEIBNIZ *de sa* THEODICEE.

IL m'a paru que la *Theodicée* de M. de L. donne quelque éclaircissement plausible des difficultés, & en la lisant je disois quelquefois en moi-même, *je voudrois savoir ce que M.* BAYLE *auroit pu repliquer à cela.* Vous dites, Monsieur, qu'après avoir lu toutes les réponses, vous avez trouvé que les difficultés revenoient toujours à l'*esprit.* Mais il me semble que les réponses, quelques bonnes qu'elles puissent être, ne sont jamais capables de bannir les difficultés de la memoire. Et comme les difficultés sont ordinairement plus aisées que les solutions, on les retient aussi plus aisement, & on en est aussi plus

prevenu

prévenu. Ainſi après une longue diſcuſſion il eſt naturel qu'on ſe ſouvienne plus aiſement des difficultés
que des réponſes, & que l'embaras revienne, tant,
qu'on n'agit que par cette memoire. Et même après
un long·compte on doutera ſi l'on ne s'eſt·mépris
quelque part, & pour en être parfaitement aſſuré, on
eſt obligé d'y repaſſer piece par piece, & n'y trouvant rien à redire au détail, on eſt obligé enfin de ſe
rendre en gros. C'eſt pourquoi je ſouhaiterois que
quelque homme habile & ſincere repliquat bien diſ-
tinctement aux réponſes de la Theodicée. Et ſi
quelqu'un en vouloit faire l'épreuve ſans trop de pro-
lixité, il pouroit examiner *l'abregé de la controverſe
reduite à des argumens en forme*, qui ſe trouve à la
fin de la troiſieme partie des Eſſais & ne fait gueres
plus de 20. pages, depuis la page 621. juſqu'à la page
642. Vous avez raiſon, Monſieur, de dire que
Madame l'Electrice d'Hanover a été amie de M. de
L. Elle lui a écrit une longue Lettre ſur les affaires
d'Angleterre deux ſemaines & demie avant ſa mort.
Cette Lettre eſt auſſi judicieuſe que ſi elle avoit été
écrite par le plus grand Miniſtre d'Etat & auſſi en-
jouée que ſi elle venoit d'une jeune Princeſſe SOPHIE
comme les Anglois l'apellent.

VIII.

REMARQUES de M. LEIBNIZ ſur la perception réelle & ſubſtantielle du Corps & Sang de NOTRE SEIGNEUR.

POur voir s'il y a moyen de convenir que Meſſieurs les Reformés admettent une perception
veritablement réelle du corps & ſang de notre Seigneur.

1. Il faut ſavoir préalablement s'ils ſe tiennent à
la Confeſſion de l'Egliſe Gallicane, faite du tems du
Collo-

Colloque de Poiſſy, & à ce que CALVIN a dit dans
ſes inſtitutions, & dans pluſieurs autres endroits de
ſes écrits, touchant la perception réelle & ſubſtan-
tielle du corps de JESUS CHRIST.

2. S'ils reconnoiſſent que dans le miſtere du
ſaint Sacrament & dans la manducation des fidelles il
ſe paſſe quelque choſe de ſurnaturel, comme le
CALVIN le reconnoît en termes exprès.

3. Puiſque nous ſommes nouris ſuivant la Liturgie
Gallicane de la ſubſtance de JESUS CHRIST, s'ils
ne reconnoiſſent, que cette ſubſtance ne conſiſte pas
dans la ſeule divinité.

4. S'il n'eſt raiſonnable de ſuivre l'explication li-
terale s'il eſt poſſible, pour ne pas ouvrir la porte aux
Sociniens.

5. D'autant plus que l'Egliſe a toujours cru une
perception réelle comme le croyent aujourd'hui toutes les Egliſes Orientales.

6. La ſeule choſe, qui nous pouroit diſpenſer de
nous attacher à la lettre du Teſtament de JESUS
CHRIST feroit s'il y avoit une abſurdité ou impoſ-
ſibilité dans le ſens literal. Et c'eſt ce qui reſte à
examiner.

7. On vient donc à l'examen de la nature du
corps. Pluſieurs mettent en fait, qu'ils ne connoiſ-
ſent que deux attributs, la penſée & l'étendue, &
ils diſent, que la penſée conſtitue l'eſprit, & que l'é-
tendue conſtitue le corps. Si cela étoit, il feroit très
ſûr, qu'il y auroit implication de contradiction de
dire, qu'un corps ou ſa ſubſtance ſoit en pluſieurs
lieux, & que ſa ſubſtance ſoit unie immédiatement
à quelque autre ſubſtance éloignée.

8. Mais il s'en ſuivroit auſſi, que Dieu ne pouroit faire agir les corps indiſtans, ni les faire paſſer a travers d'un autre corps &c. ce qui paroît
hardi.

9. D'autant plus qu'on ne s'appuye que ſur des
Hypo-

Hypothefes précaires ou arbitraires toutes pures. Car il n'eft point vrai, n'a point été prouvé, & même eft éloigné des fentimens de l'ancienne Philofophie, que la nature du corps confifte dans l'étendue.

10. Monf. HUGENS difoit fort bien que l'idée que quelques-uns fe forment du corps, eft juftement celle qu'il a du vuide.

11. Au contraire il eft aifé de faire voir, qu'on ne fauroit expliquer par la feule notion de l'étendue, ni la force, ni les loix du mouvement, ni l'inertie naturelle du corps, ni plufieurs autres phénomenes.

12. Bien loin que l'étendue foit quelque chofe de primitif dans le corps, on voit clairement, que fa notion eft refoluble, & enferme multitude, continuité, diffufion, qu'ainfi elle eft relative, & fuppofe quelque chofe, qui doit être multiplié, refolu, diffus ou étendu, comme l'étendue de la couleur, de la pefanteur, de la refiftance. Ainfi c'eft en cela que l'effence ou conftitution primitive du corps confifte.

13. Or ce qui eft continué & repeté dans le corps eft proprement la refiftance, fans laquelle il n'y auroit point de corps, mais feulement un efpace vuide, incapable de changement.

14. Ainfi pour revenir aux anciens, & à la verité, l'effence du corps confifte dans la force primitive de patir & d'agir, dans la paffivité & activité, en un mot dans la refiftance. La paffivité primitive eft ce que l'école apelle matiere, & l'activité primitive, eft ce qu'elle apelle forme, ou ce qu'ARISTOTE apelle entelechie premiere.

15. L'experience fait voir, qu'il y a de l'activité & de la refiftance dans les corps, & qui fait que ceux, qui les mettent dans la feule étendue, font obligés de les depouiller de toute l'action, & de Dieu, que c'eft Dieu feul, qui agit. Ce qui eft

B   un un fentiment étrange & montre bien le defaut de l'hypothefe.

16. L'effence du corps confiftant dans la force, l'aplication de la force aux dimenfions s'enfuit naturellement, par l'intention de Dieu, qui a voulu, que tout fe fit fuivant certaines regles mathematiques, *pondere, numero, menfurâ.* Et c'eft en confequence de cela, que les corps ordinairement n'operent point indiftans, qu'ils n'occupent pas tantôt un plus grand, tantôt un moindre efpace &c.

17. Mais ce, que Dieu a voulu pour le bon ordre des chofes ne l'oblige pas lui-même, qu'il ne puiffe par des raifons d'un ordre fuperieur.

IX.

FABLE MORALE
SUR LA

NECESSITÉ
DE LA
PERSÉVÉRANCE
DANS LES
CONSEILS SALUTAIRES
A L'ÉTAT.

Il s'agit du falut, rien ne nous doit coûter ;
Ce qui l'affurera ne doit point rebuter.

JAdis fut un pays, qui n'avoit point d'égal,
Renfermé par la Mer, la Meufe, & le Vahal,

Cul-

Cultivé par les foins d'un peuple originaire,
Qui de fa liberté faifoit fa grande affaire.
Ce fameux coin *de terre* en *un lac s'eft changé :*
Une tour montre encor le pays fubmergé,
Quand l'eau baiffe, *on la voit, il femble qu'elle nage,*
,, *Et qu'elle tâche en vain d'échaper du naufrage.*
 Avant ce trifte fort les habitans d'alors,
Des vents & de la mer pour rompre les efforts,
Leur avoient opofé *ces Digues* fi vantées,
Que fembloient refpecter les ondes enchantées.
Pour les bien *affermir* qu'il leur coûta *de foins !*
Pour les *entretenir* il n'en coûta *pas moins.*
Que d'*aplication*, de *dépenfe*, de *veilles !*
Des *alarmes* fouvent, des *peines fans pareilles :*
Point de trêve le jour, la nuit point de repos,
Eveillés par les vents, luttans contre les flots,
A toute heure en danger, qu'ils ne les engloutiffent,
S'ils s'en laiffent furprendre, & s'ils fe rallentiffent.
Citoyen, laboureur, *tout eft intereffé,*
Et du *falut commun* tout fe montre empreffé.
Tout met la main à l'oeuvre, on *mene ici la pierre,*
On *traîne là le bois,* on porte *ailleurs la terre,*
On voit pour charier tant de materiaux
Agir inceffament *les gens & les chevaux.*
Tout s'affemble, fe lie, & va remplir le gouffre
Qui fremit fous le poids qu'avec regret il fouffre.
Un ouvrage pourtant *qui n'avoit point de fin,*
Qu'il faut renouveller le foir & le matin,
Du laboureur actif laffe la patience :
Et voyant confumer fes fruits par la depenfe,
Il fe fent degoûté d'un domaine fi cher,
Et d'un *travail ingrat* il veut fe relâcher.
L'injufte jaloufie en augmentant les plaintes,
Du danger imminent fait oublier les craintes :
Chacun ne penfe plus *qu'à s'exempter des frais,*
Dont l'état, prétend-il, le charge avec excès.
On entendoit par tout ce dangereux murmure,

La taxe à tous fembloit inégale & trop dure,
Et le pays dès-lors alloit être abymé,
Si ce difcours mutin n'eût été reprimé.

Heureufement regnoit dans ce pays Belgique
Un Comte genereux, cher à la Republique:
,, Quelle fureur, dit-il, faififfant vos efprits,
,, Vous fait du bien public méconnoître le prix,
,, *Amateurs de vos biens plus que de la patrie,*
,, *A qui pourtant on doit & fes biens & fa vie,*
,, D'un neceffaire impôt critiquer l'équité,
,, Et *preferer l'argent à votre fureté?*
Il dit, & fans entrer dans un difcours plus ample,
Il fait *perfuader bien mieux par fon exemple:*
,, Il agit, & portant par tout fes yeux, fes pas,
,, *Il les anime moins de la voix que du bras:*
Mais fon zele épuifant *fes forces & fa vie,*
Il meurt comme un heros en fauvant la patrie.
Ainfi du bien public *martyr perpetuel,*
Il *fut infatigable, & non pas immortel.*

De fes faits glorieux la nation charmée,
A marcher fur fes pas fe fentit animée,
Un confeil éclairé, ferme, laborieux,
Du premier fiecle d'or rejetton glorieux,
La guidoit, lui montroit le prix de la conftance,
Que le ciel n'a promis qu'à la perféverance.

Le heros en mourant, pour comble de bonheur
Avoit remis le fceptre en la main d'une Soeur,
Dont l'Europe aplaudit les grandes deftinées
D'un tiffu de fuccès d'an en an couronnées.
La fortune au heros, montrant tous fes revers,
N'eut pas pour l'heroïne un femblable travers:
De la fameufe digue elle affermit l'ouvrage,
Les vents, la mer, le ciel, tout lui rendit hommage:
Elle foule *les flots fous fes pieds profternés,*
Eole pour *lui plaire a les vents enchaînés,*
Et *ne laiffe fouffler* fous cet heureux empire
Que l'agréable fon du paifible Zéphire:

L'air

L'air toujours temperé donne des jours sereins,
Tout répond à ses voeux ; tout fleurit dans ses mains.
L'heureux pays alors en oubliant ses craintes,
En des chants de triomphe avoit changé ses plaintes,
Et d'un oracle ancien le *souvenir flatteur*
Assurant son espoir achevoit son bonheur :
„ La digue a sur les flots remporté la victoire,
„ Mais il faut la pousser jusques au promontoire,
„ Et l'enchainer lui-même à ce fatal écueil,
„ *Où Neptune verra briser tout son orgueil.*
Le dessein est hardi, non pas impraticable,
Et le passé répond d'un succès favorable :
Ainsi sans s'effrayer des ouvrages nouveaux ;
On veut y couronner sa gloire & ses travaux.

Mais des *grandes vertus la jalouse rivale,*
Mégere se hâtant, de la rive infernale,
Vient aux bords de la Meuse avec tous ses *serpens,*
Dont le venin saisit le cocur des habitans,
Et chargeant tout d'un coup leurs ames genereuses
Inspire la *molesse* aux mains voluptueuses,
Et de plusieurs il fait des scelerats outrés,
Qui foulent sous leurs pieds les droits les plus sacrés.
De l'honneur, de la foy, les voix sont étouffées,
Et n'apellent personne à de nouveaux trophées.
Au contraire on declame, on tonne impunément.
Contre les grands impôts, qu'on leve injustement.
C'est ainsi que *s'en plaint sans qu'il y contribue.*
Le mauvais citoyen qui borne là sa vue.
Traître, le mal d'autrui ne fait pas ta douleur,
C'est de ta passion le discours suborneur,
De ton ambition l'ame toute remplie,
Tu veux pour t'élever voir perir la patrie :
Peri plutôt toi-même, & perisse avec toi
L'ennemi de l'Etat, qui *n'a ni foi ni loi.*
Pour toi donc la patrie est une pure idole,
Le souci, qu'on en prend, est un souci frivole,
Et de l'or ébloui qu'offre un Prince voisin,

Tu

Tu vas de *ton pays* être un lâche assassin.

   Mais on exhorte en vain cette *indigne cabale* ;
La vertu ne peut rien sur une ame venale,
Les grandeurs & l'argent en sont les seuls amis,
Pourvû qu'elle les ait, il n'importe à quel prix.
En vain du bon parti la prudence & le zele
Veulent sauver l'Etat, dont le vaisseau chancelle,
On represente en vain, qu'on a tort de fremir
Pour ce qui reste à faire afin de l'affermir,
Que le printems prochain & l'été seuls suffisent,
Et que tous leurs travaux par là s'*immortalisent* :
Encor *peu de depense*, & *peu de peine* encor,
Et l'on ramenera les jours du siecle d'or.

   L'avis étoit sensé : mais Mégere aux écoutes,
Des esprits ébranlés vint rassurer les doutes,
Et sur le remontrant, prenant un plus haut ton,
A force de crier fit taire la raison.
Elle court par les champs, & sa *voix de tonnere*
De l'aurore au couchant fait retentir la terre.
  Quoi dit-elle, insensés, d'un faux bien enchantés,
  Vous voulez preferer l'ombre aux réalités :
  Pouvant passer vos jours dans l'aise & la molesse
  Vous sacrifiez tout, repos, plaisir, richesse :
  Et pourquoi ? pour sauver votre pays natal :
  Miserable chimere, enchantement fatal !
  Ah ! pour en conserver & les champs & les villes,
  Que d'agitation, que de soins inutiles !
  Inquiets de son sort, inquiets pour ses jours,
  Lorsque les vôtres sont & moins surs & plus
     courts.
  On le verra debout après plusieurs années,
  Que les vôtres seront par la mort terminées :
  Et que vous servira dans le tombeau gisans
  De vous être épuisés pour qu'il dure mille ans ?
  Jouïssez du present, c'est là votre heritage,
  Laissez à vos néveux le futur en partage,
  N'usurpez point sur eux le soin de l'avenir,

                     Comme

,, Comme vous ils pouront fans vous fe maintenir.
,, Des fatires du tems vous n'avez rien à craindre,
,, Et la pofterité ne poura pas fe plaindre.
,, De vos vaftes travaux la dépenfe & les foins,
,, De vos devoirs remplis font d'illuftres temoins.
,, Il fuffit : & s'il refte encor quelqu'avanture,
,, Laiffez la demêler à la race future.
,, Ces oracles qu'on vante, & qu'on dit fi certains,
,, Pour vous mieux épuifer, font des oracles feints,
,, Et ce qu'on vous *promet du fameux promontoire,*
,, Sont des vers Sibyllins la fabuleufe hiftoire.
,, Laiffez au ciel le foin d'accomplir fes arrêts,
,, Des grands évenemens lui feul fait les décrets.
,, *Qui pouvant vivre heureux, par un choix volon-*
           taire
,, *Veut être malheureux, merite fa mifere.*
,, Le ciel vous enrichit, confervez fes prefens,
,, *Qui veut perdre fes biens, a perdu le bon fens.*
    Ainfi parle Mégere au peuple qui l'écoute,
Flatté de voir la fin des impôts qu'il redoute.
Pour furcroît de malheur elle fut émouvoir
D'un dangereux voifin l'ambitieux pouvoir.
De la Flandre jadis par fes Comtes regie,
Il tenoit fous le joug la plus belle partie,
Et fans la fermeté du Belge vigilant,
Tout cedoit, tout plioit fous le fier conquerant.
De ces voifins actifs le zele l'importune,
Il en hait les vertus, il en craint la fortune,
Et fouvent pour les perdre *il joint la force à l'art,*
Et la peau du lion à celle du renard.
Il craint que le Flamand, qui fous fon joug foûpire,
Après la liberté de nouveau ne refpire ;
Et fouhaitant de voir & l'Efcaut & la Lys
Comme les bords du Wâl, & la Meufe affranchis,
Il ne prétende un jour, delivré de fes chaînes,
Independant comme eux poffeder fes domaines.
    Mégere enflamme encor fes mouvemens jaloux,

Et des voifins heureux lui fait craindre les coups:
Mais pour les empêcher de tomber fur fa tête,
Son or mieux que le fer conjure la tempête.
D'un tel maître par tout les dignes ferviteurs,
Sement pompeufement leurs difcours feduĉteurs,
Et le jaune métal, dont on fait fes idoles
Prête un nouveau relief à leurs belles paroles.
A l'exemple pourtant d'Ulyffe & de Neftor
Ils tiennent des difcours tiffus de foye & d'or.
    ,, Ecoutez, difent-ils, trop foupçonneux Bataves,
    ,, Nous ne penfons rien moins qu'à vous voir nos
        efclaves:
    ,, D'une barriere fure enfermés & couverts
    ,, Vous n'êtes plus fujets à de triftes revers;
    ,, Et ceux que vous craignez, font fi peu praticables,
    ,, Qu'on ne peut dans mille ans en prévoir de fem-
        blables:
    ,, Que la lune, qu'Eole, & le Dieu de la mer
    ,, Conjurés contre vous veuillent vous abimer:
    ,, Pour le faire à coup fûr, dans cette ligue affreufe
    ,, Qu'ils entrainent encor le Vahal & la Meufe:
    ,, Ah! pour l'apréhender il faudroit être fous:
    ,, C'eft craindre que le ciel ne tombe deffus vous.
    ,, Quoi! votre Republique *en bon fens renommée*
    ,, De telles vifions feroit-elle alarmée?
    ,, D'un peut-être infenfé peut-on vous faire peur?
    ,, Mettez-vous au deffus d'une vaine terreur.
    La Princeffe, qu'encor vante la renommée,
Voyant la nation émue & partagée
Affemble promtement le Parlement fatal,
Des deftins du pays arbitre général.
Il fe fait deux partis; la difcorde funefte
Ou fon zele, ou fa haine à plein y manifefte:
Que craint-on? dit tout haut le mauvais citoyen:
Tout, dit le bon parti; la vie avec le bien.
Tout des flots déchainés va devenir la proye,
Si nous à leurs efforts ne fermons point la voye.
                                        Ainfi

.　Ainſi des deux partis les avis ſeparés
Balancent les deſtins des peuples allarmés.
Telle entre deux grands vents la mer eſt ſuſpendue
,, *Et doute à qui des deux elle-même eſt échue.*
,, Le partage des voix laiſſoit tout indécis,
Et chacun ſe montroit jaloux de ſon avis:
Quand un des defenſeurs de la cauſe publique
Apuyant les raiſons de la crainte Belgique,
Prononça ce diſcours, dont le Senat charmé
Se ſentit réveiller ſon Zele accoûtumé.

　　,, Courage, leur dit-il, mes chers compatriotes,
,, La fin de la carriere aproche de vos côtes,
,, Vous allez couronner votre dernier effort,
,, Vous relâcheriez-vous, ſi près d'entrer au port?
,, Voulons-nous, du paſſé perdant toute la gloire,
,, *Du travail de Siſyphe* anoblir notre hiſtoire,
,, Et tout prêts d'arriver au ſommet du rocher,
,, Nous voir de haut en bas comme lui trébucher?
,, Il ſuffit d'*une nuit* aux fieres deſtinées,
,, *Pour noyer* les travaux de *plus de trente années.*
,, Pour empécher le coup d'un moment ſi fatal,
,, Secondez vos amis avec un zele égal:
,, Encore *un peu de tems, de peine & de dépenſe,*
,, Et vos conſtans travaux auront leur recompenſe.
,, J'en apelle à temoin *le Monarque* éternel,
,, Le *maître ſouverain de la terre* & du ciel.
,, Son *œil toujours ouvert* voit tout ce qui ſe paſſe,
,, Et des méchans conſeils il ſait punir l'audace.
,, Neptune, je le vois, branle l'affreux trident,
,, Et menace nos bords d'un péril évident,
,, Sous un *calme trompeur il nous cache l'orage,*
,, Faut-il manque de coeur faire un triſte naufrage?
,, Ne nous reprochons point un courage abbatu,
,, Des Grecs & des Romains imitons la vertu.
,, Quel fut dans les premiers l'amour de la patrie
,, Du grand Roi des Perſans reprimans la furie?
,, Et qui fit des Romains triompher la valeur

　　　　　　　　B 5　　　　　　　　D'un

,, D'un courage souvent aussi grand que le leur.,
,, Du fier Carthaginois, d'Annibal ce grand homme,
,, Et des Gaulois enfin déja maîtres de Rome ?
,, L'amour de la patrie a fait tous ces exploits,
,, A vaincu le Persan, l'Afriquain, le Gaulois.
,, Un oracle fameux, que le tems envelope
,, Prédit qu'un jour le joug menacera l'Europe,
,, Si le Belge & l'Anglois par un heureux revers
,, Fermes, constans, unis n'en rompent pas les fers.
,, Que de leur union, de leur vertu commune
,, Du salut général dependra la fortune :
,, Que si sans relâcher ils poussent l'ennemi,
,, Et sans se contenter de le vaincre à demi,
,, Ils le vont attaquer jusques dans son empire,
,, Il subira les loix qu'ils voudront lui préscrire.
,, Ces exemples font voir le travail couronné,
,, Quand de constance on voit le coeur accompagné.
,, Notre premiere ardeur dignement soûtenue
,, Du peuple & de la cour, qu'est-elle devenue ?
,, Est-ce ainsi qu'on remplit ses devoirs, ses sermens ?
,, Est-ce ainsi qu'on répond à ses engagemens ?
,, Quel étoit donc le but du nouveau ministere,
,, Qui de son changement a fait tant de mystere ?
,, Qui devoit de l'ancien corriger les abus,
,, Faire voir dans le sien de plus grandes vertus,
,, Et prenant plus de soin de la cause publique,
,, Couronner ses travaux d'un succès magnifique.
,, D'une telle promesse où sont donc les effets,
,, Et quels depuis un an ont été ses projets ?
,, Par son premier destin la nation guidée
,, De la fortune fut jusqu'ici secondée,
,, Et n'étoit le serpent qu'elle cache en son sein,
,, Elle croiroit encor la tenir en sa main.
,, Ce changement fatal, châtiment de nos crimes,
,, D'une aveugle fureur nous rendra les victimes,
,, Si nous n'apaisons pas bien-tôt le ciel ému,
,, Et reprenons ses dons, la raison, la vertu.

D'un

D'un discours si sensé la douce véhemence
Des sages Sénateurs émût la conscience,
Et des bons citoyens hautement aplaudi,
Il ramina par tout le zele refroidi.
De Mégere à l'affût la fureur se redouble,
Et parmi l'assemblée excite un nouveau trouble.
D'abord d'un faux prophete elle emprunte l'esprit,
Qui d'un ton d'inspiré fait valoir ce qu'il dit,
Et de la part du ciel promet sa faveur sure
Pourvû que deformais la nation soit pure,
Que le profane exclus des temples & des loix,
Avec les vrais croyans ne mêle plus sa voix.
Mégere l'appuyant anime sa harangue,
Et prête à l'Imposteur son venin & sa langue.
C'est ainsi qu'inspirant de nouveau sa fureur,
Des peuples & des grands elle corrompt le coeur.
Tel entr'eux qui se doit tout à la Republique
N'a plus pour son salut un zele qui l'aplique,
Parle d'un air moqueur des soins qu'on en a pris,
Et pour ce grand objet temoigne son mépris:
Consume sa séance en pures bagatelles,
En vaines questions, en haines, en querelles.
Le plus sage parti se voyant opprimé,
Et craignant le malheur, dont on est menacé
Du Batave-voïsin à la rive tranquille
Va se rendre bientôt pour trouver un asyle.
Il voit dans sa retraite écouler quelque tems,
Pendant des ans entiers prosperer les méchans:
Qui fiers de ces succès dans leurs réjouïssances
Méprisent les avis, blâment les remontrances.
Mais pendant qu'à leur aise ils flattent leur orgueil,
Le jour fatal survient, de leurs beaux jours l'écueil.
Au tems que le soleil constant dans sa carriere
Aux ombres de la nuit égale sa lumiere,
La lune toute en feu sous son char presse l'air,
Pour éveiller Neptune en grossissant la mer.
Il paroît, & les vents lui prêtant leurs haleines
Quit-

Quittent pour l'efcorter leurs voutes fouterraines
Les flots joints avec eux couvrent tout de leurs eaux,
La mer franchit fes bords, les fleuves leurs canaux,
Le ciel joint fes éclairs à leurs ondes émues,
Et d'un bruyant tonnerre ébranle, fend les nues;
La tempête confond la nuit avec le jour,
Et de l'ancien cahos fait craindre le retour.
L'habitant que n'ont pu vaincre tant de fatigues,
S'étonne, perd courage, abandonne fes digues:
En vain le laboureur apelle à fon fecours
La puiffance des Dieux, ces Dieux pour lui font fourds.
Il ne peut garantir fes champs de ce deluge,
Ni lui-même en fuyant y trouver de refuge.
L'eau groffiffant toujours monte jufqu'aux clochers,
Et couvre les côteaux & les plus hauts rochers:
En vain luttant contr'elle on fe met à la nage,
Le maître & fes troupeaux, tout fubit le naufrage:
Tout perit dans les eaux, tout fe fent abimer,
La terre pour jamais difparoît, tout eft mer.
Rien d'un fi beau pays ne garde la memoire,
Que la fubmerfion qu'on en lit dans l'hiftoire,
Et la plus haute tour de quelque bâtiment,
Pour être du naufrage un trifte monument.
    Vous, qu'aujourd'hui menace *un deluge plus trifte*
Non pas d'eau, mais de fang, fans qu'à tems on re-
        fifte;
Qui fous le joug pefant, qu'on vous fera fentir,
N'aurez qu'un inutile & tardif repentir;
Vous qui d'un fier tyran aimez mieux l'efclavage,
Que d'un impôt leger fouffrir quelque dommage;
De votre liberté connoiffez le tréfor,
Que l'Inde ne pouroit payer de tout fon or.
Pour l'affurer il refte encor peu de fatigue,
Il n'en reftoit pas plus pour affurer la digue.
On néglige, on attend, rien ne peut la fauver;
Il faut compter pour rien ce qu'on n'ofe achever;
La digue nous l'aprend: peuples, qu'un fort femblable
                            Mena-

Menace de bien près, profitez de la fable.
L'Ennemi vous endort ; c'eſt fait mal à propos
Sans l'avoir affoibli d'attendre le repos.
Depêchez par vos ſoins cet important ouvrage,
Et prêts de l'affermir ne perdez point courage.

Il s'agit du ſalut, rien ne nous doit coûter ;
Ce qui l'aſſurera ne doit point rebuter.

X.

LETTRE

De M. LEIBNIZ ſur la Connexion des Maiſons de BROUNSUIC *&* d'ESTE.

MONSIEUR,

LE mariage conclu entre Monſeigneur le Duc de MODENE & Madame la Princeſſe de BROUNSVIC Fille ainée de feu Monſeigneur le Duc JEAN FREDERIC, me donne occaſion d'éclaircir quelques points d'hiſtoire de cette ſereniſſime Maiſon, dont je ſuis bien aiſe de vous faire part. Les auteurs demeurent d'accord, que l'origine des Maiſons de Brounſvic & d'Eſte eſt commune, en ſorte qu'elles deſcendent d'une même tige en ligne droite maſculine. Il eſt vrai, que de très habiles gens l'ont revoqué en doute depuis peu, parceque ces mêmes hiſtoriens qui l'avoient avancé, en ont parlé preſque ſans fondement, & y ont mêlé bien des fautes. Mais j'en ai trouvé des preuves convainquantes, & je crois d'avoir rectifié leurs raports.

AZON, apellé dans quelques titres ALBERTUS, qui eſt AZO, & MAGNUS MARCHIO dans un ancien monu-

monument, étoit le plus grand Prince de Lombar-
die en son tems: il étoit puissant dans le Milanois
& dans la Ligurie vers Génes; mais outre cela il
possedoit Este, Calaone & plusieurs terres entre Ra-
venne & Venise. Comme je ne dois parler ici, que
de la connection de deux grandes maisons dont il fait
la tige, je ne veux point remonter plus haut presentement.

On peut juger cependant de l'antiquité de sa famille, puisqu'elle étoit déja si grande, il y a plus
de sept cents ans. Il doit être né sur la fin du dixie-
me siecle, c'est-à-dire avant l'an 1000. s'il est mort
agé de plus de 100 ans, comme le raporte un auteur
de ce tems-là. Notre Azon fut contemporain de la
fameuse Mathilde, & même ses descendans en
eurent la succession en partie. Ce fut conjointement
avec elle, qu'il moyenna quelque accommodement
entre l'Empereur Henri IV. & le Pape Gregoire
VII. & il parut en plusieurs autres occasions importantes. Il eut des enfans de deux femmes, dont la premiere fut Cunigonde heritiere des anciens Guel-
phes de la haute Allemagne, qui avoient leurs terres en Baviere & en Souabe jusques au lac de Constance, & l'Imperatrice Judith, femme de
Louis le Debonnaire, fut fille d'un Guelphe de
cette maison-là, qu'on croit avoir été une branche
des anciens Agilofingiens, qui suivant les loix
des peuples de Baviere, en devoient avoir la princi-
pauté. Azon eut de Cunigonde un fils nommé
aussi Guelphe, qui obtint les états échus par la
mort de son oncle maternel, & depuis fut fait Duc
de Baviere par l'Empereur Henri IV. Il fit entre
autres exploits, l'expédition de la terre sainte,
& mourut dans l'isle de Cypre en retournant.
Guelphe son fils ainé étant mort sans enfans,
le second, Henri dit le Noir, lui succéda, & eut en
mariage Wulfhilde fille de Magnus dernier Duc

de

de Saxe de fa race. De ce mariage nâquit HEN-
RI furnommé le Guelphe chez quelques auteurs anciens ; qui époufa la fille de l'Empereur LOTHAI-
RE, auparavant Duc de Saxe à la place du Duc
MAGNUS: & ce fut ainfi, qu'HENRI le Guelphe
joignit le Duché de Saxe à celui de Baviere. Son
fils HENRI furnommé le Lion recueillit encore par
la mere la fucceffion des anciens. Il foumit à fa do-
mination plufieurs peuples, Slaves ou Wendes,
qu'il reduifit à la foi de JESUS CHRIST, & à l'o-
béïffance qu'ils devoient à l'Empire & à lui. Il y
fonda les Évêchés de Lubec, de Suerin & Ratze-
bourg. Il fut un des plus grands Princes de fon
tems, ayant recouvert la Baviere, que l'Empereur
CONRAD fucceffeur de LOTHAIRE, avoit ôtée à
fon pere, & donnée au Marquis d'AUSTRICHE.
Pour confoler l'Auftrichien, on le fit Duc lui-même, au lieu qu'il avoit relevé auparavant de celui
de Baviere, & on lui laiffa quelques Comtés deta-
chées, qu'on croit avoir été ce qui s'apelle aujour-
d'hui la haute Auftriche. Pour Henri le Lion, comme il avoit même de belles terres en Italie de la fucceffion d'AZON, & peut-être auffi de celle de MA-
THILDE, on difoit de lui, & même déja de fon
Pere, qu'il dominoit *à mari ad mare* ; depuis la mer
de Sicile, (comme parle un ancien,) jufqu'à l'océan
Germanique, & même jufqu'à la mer Baltique, où
quelques-unes de fes loix fubfiftent encore. Et j'ai
trouvé qu'il avoit été deftiné à l'Empire du confen-
timent des Etats par l'Empereur FREDERIC I. en
cas d'extinction de la maifon de Souabe. Car ils é-
toient proches parens, ayant le même grand-pere,
qui étoit HENRI le Noir.

Mais ce même FREDERIC ayant eu des enfans
mâles depuis, eut jaloufie de fon ami & en ma-
china la ruïne par une confpiration génerale des
Princes voifins, dont l'Empereur fe déclara le chef,

aıı

au lieu de Juge qu'il devoit être; ce qui fit perdre la Baviere à HENRI le Lion, & une partie des terres de Saxe, principalement en Weſtphalie (qu'on comprenoit ſous la Saxe en ce tems-là) avec une grande partie des terres qu'il avoit conquiſes ſur les Slaves. Son fils OTTON IV. quoique cadet, ne laiſſa pas de parvenir à l'Empire.

J'ai trouvé par le moyen des titres qui ſe gardent dans l'Archive Royal d'Angleterre, qu'auparavant il avoit été fait Duc d'Aquitaine par le Roi d'Angleterre ſon oncle, étant conſideré comme Prince du Sang; & qu'il y avoit ſuccédé immédiatement à la fameuſe ALIENOR, heritiere de Guienne, Reine de France & puis d'Angleterre, dont il étoit le petit-fils. On a encore les privileges qu'il donna aux habitans de l'iſle d'Oleron, comme à ſes ſujets. L'ainé HENRI, outre le Duché de Saxe, eut encore le Palatinat du Rhin par ſa femme, fille du frere de l'Empereur FREDERIC I. On peut dire, que ce Palatinat s'éleva beaucoup ſous ces deux Princes & ſucceda en quelque façon aux droits des anciens Ducs de Franconie ſur le Rhin, ce qui l'a fait enfin devenir Electorat. Mais l'Empire & le Palatinat (ſans parler de la Guienne) ſortirent d'abord de la maiſon, d'autant plus que ces deux Princes n'eurent point d'enfans mâles. Car il y a bien de l'aparence, que ſi OTTON IV. en avoit eu de BEATRIX, fille de PHILIPPE de Souabe Roi des Romains, ſa poſterité ſe ſeroit maintenue dans l'Empire; puiſqu'on l'offrit depuis à OTTON ſon néveu, que GUILLAUME, troiſieme frere (mort avant l'Empereur & le Palatin) avoit laiſſé; & qui ne fut preſque qu'un enfant, lorſqu'il devoit ſoutenir tout ſeul la maiſon ébranlée par la mort de ſes oncles & par d'autres accidens fâcheux. Ainſi il ne put conſerver la poſſeſſion que d'une partie des Etats de ſes progéniteurs, en qualité de Duc de Brounſwic & Lunebourg,

bourg, qu'il a laiffé à fes defcendans. Là maifon
a eu de la peine à fe relever, à caufe des partages,
qui s'y font faites. Elle a pourtant repris fon luftre,
& même depuis peu ERNESTE AUGUSTE étant
devenu Electeur, a obtenu pour elle cette grande
dignité dont il vient d'être revêtu.

Je paffe à la branche d'Italie, dont l'origine & la
connexion avec la nôtre, quant au détail, a été
ignorée de fes propres hiftoriens. J'ai donc trouvé
que notre AZON après la mort de CUNIGONDE, é-
poufa la fille du Comte du MAINE en France, &
en eut HUGUES & FULQUES. L'hiftoire raporte
que le Prince HUGUES obtint la fucceffion du
Maine par les droits de fa mere, mais qu'il les tranf-
porta depuis fur un autre, parcequ'il étoit trop in-
commodé par la puiffance du Duc de Normandie,
connu fous le nom de GUILLAUME le Conquerant Roi d'Angleterre. FULQUES fut le propaga-
teur de la branche Italienne, & c'eft de lui que tous
les Princes d'ESTE d'Italie font defcendus ; lefquels
ayant établi ou continué leur refidence à Efte durant
longtems, en ont pris le nom. Les hiftoriens n'ont
pas été informés affez de ces particularités. Ils ont
donné des femmes à AZON, qu'il n'a jamais eues,
au lieu de cette Princeffe du Maine, qu'il avoit é-
poufé veritablement. Sans parler maintenant de
quantité d'autres fautes, qu'on voit dans les arbres de
FALETI, de PIGNA, & d'autres après eux, où ils
repréfentent cette connexion de BROUNSUIC &
d'ESTE. Mais il s'en faut d'autant moins étonner,
que ce n'eft qu'en notre fiecle, qu'on commence à
aprofondir ces chofes, comme toutes les autres. Et
il eft fûr, qu'encore au milieu du fiecle paffé les Ducs
de FERRARE ignoroient eux-mêmes, que les Ducs
de BROUNSUIC étoient leurs parens. Ce qui fe
connoît par les écrits du Comte BOJARDO, par
l'ARIOSTE (qui a fuivi & pouffé le deffein de

C   l'ORl'ORLANDO, que le BOJARDO avoit ébauché) & même par l'hiſtoire du SARDI. Il ſemble que les Ducs HERCULE II. & ALPHONSE II. ont été les premiers, qui ont connu ce parentage. Ce fut alors, que le Comte FALETI fit un voyage exprès en Allemagne par ordre du Duc de FERRARE ſon maître, pour s'inſtruire là-deſſus, & JEAN BABT. PIGNA, ſécretaire d'Etat d'ALPHONSE II. ſe ſervit des memoires de ce Comte pour dreſſer ſon Hiſtoire d'ESTE, qui merite d'être fort eſtimée à l'égard des affaires voiſines de ſon tems; mais qui eſt ſujette à bien des erreurs dans les anciennes, comme des excellens hiſtoriens en France ont déja remarqué, tant publiquement que dans des lettres particulieres, où ils m'ont exhorté de ne me point arrêter à cet auteur; ce qui n'étoit pas auſſi mon deſſein. Or le commerce étant tellement interrompu par l'obſcurité où l'hiſtoire étoit dans les ſiecles ignorans, que les Princes d'ESTE, d'Italie, Ducs de FERRARE, de MODENE, & de REGIO, ne ſavoient pas eux-mêmes ce que leurs parens d'Allemagne étoient de-venus, & ſe figuroient certains Comtes inconnus de FRIBOURG, qui devoient avoir acquis je ne ſais quel grand pays en Allemagne; comme auſſi les Ducs de BROUNSUIC ne connoiſſoient point non plus leurs parens d'Italie, qu'ils confondoient tantôt avec les Marquis de MONTFERRAT, tantôt avec ceux de MANTOUE: il ne faut point s'étonner s'il n'y a point eu de correſpondance entre les deux maiſons, ni aucune alliance. Et cela me fait venir au point, qui m'a donné maintenant occaſion, Mr, de vous écrire cette Lettre. Le PIGNA dit dans le ſe-cond Livre de ſon hiſtoire d'ESTE, qu'ALESSINE fille (à ce qu'il dit) d'ALDROVANDIN, Prince re-gnant de la maiſon d'Eſte en Italie, & ſoeur de BEATRIX Reine de Hongrie, avoit épouſé AL-BERT Duc de Brounſuic, ſon parent au ſeptieme dégré.

dégré. Mais nous avons trouvé ici, qu'il n'y a
point eu de tel mariage; ce Duc ALBERT, surnommé le Grand, ayant été marié en premieres noces
avec ELIZABETH, fille d'HENRI Duc de Brabant,
& en secondes noces avec ADEILHEIDE, soeur
d'OTTON, Marquis de Montferrat, qui l'a survécu;
car elle vivoit encore l'an 1280 & s'apelloit *reliĉtam
Ducis de Brunsuic.* Il l'avoit épousée en Angleterre. Nous avons de bons temoignages de tout cela,
& cette alliance semble avoir donné occasion à celles de leurs petits enfans HENRI & ADELHEIDE,
enfans d'HENRI, fils ainé d'ALBERT le Grand.
Puisque cette ADELHEIDE devint Imperatrice d'O-
rient par son mariage avec ANDRONIQUE le jeune,
& qu'on croit que son frere HENRI, surnommé
de Græcia, à cause de ses voyages, épousa à Con-
stantinople MARIE, Princesse de la famille Royale
de Cypre. Et enfin son fils OTTON, fut mari de
JEANNE Reine de Naples, & en état de se maintenir dans ce Royaume sans les bouleversemens extra-
ordinaires qui y arriverent.

Ainsi ce mariage d'ALBERT Duc de Brounsuic
avec une Princesse d'Este, apellée ALESSINE, ne
se trouvant point veritable, on peut assurer, qu'il
n'y a eu aucune alliance entre ces deux branches de
la posterité d'AZON. C'est pourquoi le mariage qui
a été conclu presentement entre les Altesses Serenis-
simes de RINALDE, Duc de Medene & de Regio,
&c. & de CHARLOTTE FELICITE', Princesse
de Brounsuic & de Lunebourg, est remarquable en
ce qu'il renouvelle l'union entre ces deux grandes
branches d'un même arbre, qui sont separées depuis
près de 700. ans. Et j'ai cru pour cela, qu'on y
pouroit apliquer la devise, que je joins ici pour la
soumettre à votre jugement.

C'est une grande riviere separée en deux bras,
qui sont reunis bien loin de-là par un canal, avec

ce mot: *Commercia reddit.* Car un canal eſt pour le commerce des nations, & ce mariage rétablit celui de deux grandes maiſons, qui ne ſont qu'une même à le bien prendre. On a trouvé cette deviſe propre pour une médaille dont l'autre côté porte cette inſcription hiſtorique: *Matrimonio contracte inter REGINALDUM I. Duc. Mutin. & Reg. & CHARLOTTAM FELICITATEM Princ. Brunſuic. & Luneburg. reconjunctaque VII^{mo} divergii ſeculo Ateſtina gente. Hannoverae XVIII. Nov. MDCXCV.*

Vous y voyez, Monſieur, comme la riviere qui repreſente la branche d'Allemagne, eſt du côté du Nord à la façon des cartes géographiques, & fait des tours plus grands; au lieu que l'autre, qui marque la branche d'Italie, eſt demeurée plus près de la ſource. Le Lion indique la maiſon de Brounſuic,

*.&

Extrait de l'Arbre de JEAN BAPT. PIGNA.

A Z O N.

AZON. ALBERT Archevêque   GUELFE Duc de
de Hambourg.   Baviere.

HUGUES. GUELFE. FULQUES. GUELFE. HENRI.

GUELFE. OBIZZON. FULQUES.   HENRI Duc de
Baviere & de
Saxe,
OBIZZON.   HENRI le Lion.

& l'Aigle fait connoître celle d'Efte d'Italie. On a mis dans le vuide du champ un fceptre, des couronnes, & autres ornemens de la maifon. Il y a une couronne Imperiale; car la maifon a eu deux Empereurs & deux Imperatrices. Une Royale eft au-deffous, foit à caufe de FREDERIC, qu'on peut apeller Empereur, IV. de ce nom, felon l'ufage d'aujourd'hui, mais Roi des Romains fuivant l'ancien ftile; foit à caufe d'OTTON de Naples. On y voit auffi la marque d'une dignité acquife depuis peu, c'eft le bonnet Electoral, mis vis-à-vis de la couronne Ducale. Enfin on y a ajouté d'autres anciennes marques d'honneur des Duchés, qui font l'épée, la lance & la banniere, &c.

Hannover 16 Novembre, 1695.

Extrait de l'A R B R E corrigé.
A Z O N.

GUELFE Duc de HUGUES Prince du FULQUES
Baviere.   Maine.

GUELFE.   HENRI   OBIZZON.

HENRI, Duc de Baviere
& Saxe.
HENRI le Lion.

Dans l'arbre du PIGNA, excepté le Duc GUELFE & fa pofterité, il n'y a pas un mot fans erreur. ALBERT l'Archevêque étoit d'une toute autre maifon. AZON n'étoit pas frere du Duc GUELFES, mais HUGUES & FULQUES l'étoient. Et l'on met ici trois GUELFES pour un. Car deux GUELFES fils de deux AZON, & deux GUELFES freres de deux FULQUES, qui ne font qu'une même chofe auffi bien

C 3   bien

bien que les deux AZONS & les deux FULQUES, il
y a de même deux OBIZZONS, fils de deux FUL-
QUES, qui ne font encore qu'une même perfonne.
Aparemment, comme on n'avoit point fu, que le
veritable AZON eft arrivé à l'âge de 100. ans, & que
le Duc GUELFE a été plus âgé que fes freres; on
n'a pas vu moyen de concilier les tems, fans multi-
plier quelques perfonnes.

XI.

LETTRE

DE M. *LEIBNIZ* à M. *GRIMAREST.*

MONSIEUR,

Après vous avoir remercié de vos belles communications qui ne fauroient être trop prolixes,
la premiere chofe, dont je vous fuplie, c'eft d'écarter les Excellences & de m'écrire dans le ftile François, que vous poffedez fi bien. Il me femble, que
vous y accordez tout-à-fait, Monfieur, la raifon
avec l'ufage, & je m'imagine que vous ne réuffirez
pas moins dans votre differtation, quoiqu'il foit
vrai, que dans les langues il y a des irrégularités,
qui viennent du peuple & qu'on excufe par des el-
lipfes, ou par quelque autre figure. Il y a eu un
tems que la langue Françoife n'étoit pas trop fujette aux regles de la Grammaire: *& de par le Roy*,
par exemple, qui en eft refté, étoit alors dans l'ufage
ordinaire que j'ai reconnu en lifant les vieilles pieces, comme Madame avoit envoyée ici la differtation de M. BAUDELOT, & comme Madame l'E-
lectrice me l'avoit communiquée.
Il étoit jufte de mettre quelques reflections par é-
crit,

crit, & je le fis d'autant plus que j'y trouvois quelques antiquités Celtiques & Teutoniques, où je me
fuis apliqué un peu n'étant pas antiquaire autrement.
C'eft pourquoi j'ai peur que mes remarques ne foient
encore moins aplaudies que la differtation, quoique vous me mandiez qu'elle ne l'eft guere, puifque
Meff. de l'Academie des Belles Lettres ont formé
de fi beaux deffeins pour l'éclairciffement de l'antiquité; je fouhaiterois qu'ils penfaffent à éclaircir les
arts mecaniques & économiques des anciens, afin
que notre fiecle puiffe tirer quelque utilité des recherches de l'antiquité. Sur tout la milice Romaine
meritoit d'être confiderée par quelque favant Soldat.
Si les vers de M. DE LA MOTTE font beaux, il
faut lui pardonner les écarts de fon original. Il n'é-
crit pas tant pour les favans que pour le monde.
Son ouvrage auroit été plus parfait, s'il avoit pû
être exact, mais ne pouvant rendre Homere paffa-
ble fans le reformer; il faut dire *eft aliquid prodire
tenus.* M. JAURIN eft très louable d'avoir rendu
la juftice à M. ROLLE, quoique celui-ci n'eût point
voulu nous la rendre autrefois, mais il s'eft reconnu, & s'il ne l'avoit fait il ne faudroit point l'imi-
ter en cela. M. DE FERMAT avoit déja contre-
dit au fyfteme des courbes de Mr. DESCARTES, &
avec raifon: mais je m'imagine que la remarque de
Mr. ROLLE en fera differente.

Pour ce qui eft de la digeftion, je ferois porté à al-
lier la trituration avec la fermentation, ou quelque
chofe de femblable; le phifique avec le mecanique.
C'eft affez l'ufage de la nature. On va un peu trop
vîte en hypothefes aujourd'hui & même on outre
les chofes. Les Archéiftes banniffent la Mecanique
de la Médecine & les Mecaniftes ne confiderent point
que nous ne fommes pas encore affez informés des
voyes de la nature, pour les expliquer mathemati-
quement par tout. Je crois que tout phifique de-

C 4   pend

pend du mecanique dans le fond, mais nous ne saurions encore arriver à ce fond-là. Nous avons en Allemagne un Médecin qui nie la dépendance du physique de la mecanique, & banissant même les esprits animaux, il soutient que l'ame agit elle-même à la place de ces esprits. C'est une autre extremité.

L'armurier qui a fait de si bons bras de fer en devoit donner la description. On m'a parlé un jour d'un François venu de Geneve à Paris, qui montre des anatomies artificielles merveilleuses, imitant les parties du corps humain avec de la cire. Je ne doute point, Monsieur, que vous n'en soyez informé. Je publierai bientôt des Essais Etymologiques par raport principalement à l'Allemand. Cependant j'y donne par occasion l'origine de plusieurs mots François, omis par M. MENAGE, ou autrement que lui : par exemple, je derive *Etiquette* de *Diptycha*, des diptyques, qui étoient des régistres prescrits. Je ne sais, si ma *Theodicée* est connue à Paris ; & ce qu'en disent les personnes intelligentes. On réïmprime *Scriptores* FREHERI. M. JUNKER va publier *introductionem ad Geographiam medii ævi*. M. LYSERUS a publié une petite dissertation *de assentationibus Juris consultorum*, où il blâme particulierement ceux qui soutiennent les prétentions de leurs Princes sans se soucier, si elles sont bonnes ou mauvaises. Je suis avec zele ;

Monsieur,

Votre très humble & très obéïssant serviteur

Hanover ce 21 Févr. 1712.

LEIBNIZ.

XII. AU

XII.

AU MEME.

MONSIEUR,

JE vous repete ma priere, de laiffer-là l'Excellence quand vous me faites l'honneur de m'écrire, car outre que ce terme convient mieux à d'autres, je fais bien qu'il n'eft gueres en ufage en France, que pour les Ambaffadeurs.

Je ne doute point que parmi vos favans il n'y en ait quantité d'habiles & de capables d'éclaircir les antiquités par le parallelle de nos arts, manufactures & menages avec ceux des anciens. Il ne leur faudroit fans doute que la volonté en choififfant quelque matiere particuliere. Il n'y a pas longtems que M. SPERLINGIUS, Antiquaire du Roi de Dannemarc, nous a donné une petite differtation *de Crepidis veterum.* Il y a quantité de pieces femblables, mais on ne s'aplique ordinairement pas affez à comparer l'ancien avec le moderne ; ce qui feroit pourtant le plus utile, pour voir fi l'on pouroit tirer quelque ufage des manieres des anciens.

Puifque vous avez fait un livre, Monfieur, qui peut être apellé *un cours militaire*, vous devriez vous hâter de le donner au public maintenant que cette matiere eft l'objet des penfées de tout le monde, & le plus grand foin de la plupart des puiffances Je ne doute point que ce ne foit un ouvrage bien inftructif, & un Libraire ne fauroit vous manquer. Je crois que la plupart du monde cherche des lectures de plaifir : mais il y en aura toujours beaucoup, qui chercheront auffi l'utile : & je crois que depuis CHARLEMAGNE jufqu'à nous Paris a toujours été le lieu de l'Europe, où il a y eu les plus habiles gens

C 5   ramaf-

ramaſſés. Ainſi parmi une foule de demi ſavans
dont vous me parlez, Monſieur, il y a ſans doute
auſſi bon nombre de gens d'un ſavoir ſolide dont je
ſerai toujours ravi d'aprendre des nouvelles. Et même quelquefois les demi ſavans ſont autant & plus
utiles que les plus habiles, quand ils s'apliquent à faire
quelque choſe d'utile, & ſupléent par leur aplication,
à ce qui manque peut-être à leur ſavoir: ainſi Paris
ſera toujours capable de nous fournir de belles choſes.
Monſieur CUPERUS un des plus habiles de notre
tems dans l'antiquité, loue aſſez ce que Monſieur
BAUDELOT a donné ſur les antiquités de notre Dame de Paris: & je ne vois pas pourquoi on le veuille tant mépriſer. Je ſuis toujours plus porté à louer
ce qu'il y a de bon dans les ouvrages qu'à critiquer ce
qu'il y a de mauvais.

Je ſuis un peu ſurpris de ne pas encore aprendre
que ma *Theodicée* ait été raportée dans le Journal des
Savans. Aparament quelqu'un de ces Meſſieurs qui
profeſſent un grand attachement à St. AUGUSTIN ne
ſont point contens que je n'ai pû me diſpenſer de
m'écarter de quelque choſe de ſes ſentimens. St. AU-
GUSTIN étoit un grand homme ſans doute, & a-
voit infiniment de l'eſprit, il paroît aſſez qu'il a formé ſon ſyſteme peu à peu, ſelon qu'il étoit engagé,
ſans avoir eu d'abord un plan complet. Ainſi n'ayant
point prévu toujours les difficultés qui l'incommo-
deroient il a été reduit quelquefois à recourir à de
mauvaiſes excuſes.

Nous avons maintenant de plus grands aides en
toutes ſortes de matieres pour former un meilleur
plan. Peut-être auſſi que la difficulté de la matiere a
fait qu'on a differé ce raport de mon livre, & qu'il
ne laiſſera pas de venir un jour. Cependant il eſt aſ-
fez curieux que cet ouvrage trouve des aprobateurs
celebres tant à Rome qu'à Geneve. Suivant des lettres que j'ai reçues, le reverend Pere MALEBRAN-
CHE

CHE ne le méprife pas non plus. Je ne crois pas qu'il·y ait difficulté fur l'entrée de ce Livre dans le Royaume, & je crois qu'il ne tient qu'aux Libraires de le faire venir. Mais aparament ils n'en ont point de connoiffance, parceque vos Journaux n'en ont point parlé. M. l'Abbé BIGNON & M. de FONTENELLES fauront mieux à quoi il tient.

Je ne crois pas que la feule trituration fuffife pour expliquer la digeftion, cependant elle contribue beaucoup, & nous favons qu'un mouvement continuel change même les liqueurs douces en acides. Nous ne fommes pas encore en état d'expliquer les figures qui compofent les corps, & les habiles Médecins feront mieux de s'attacher à ce qui eft plus fûr, & plus lié avec les experiences, pour perfectionner la pratique de leur art.

J'ai vu quelque chofe du projet de M. de St. PIERRE pour maintenir une paix perpetuelle en Europe. Je me fouviens de la devife d'un cimetiere, avec ce mot: *pax perpetua*; car les morts ne fe battent point: mais les vivans font d'une autre humeur; & les plus puiffans ne refpectent gueres les tribunaux. Il faudroit que tous ces Mrs. donnaffent caution Bourgeoife, ou depofaffent dans la banque du tribunal; un Roi de France par exemple 100. millions d'écus, & un Roi de la Grande Bretagne à proportion, afin que les fentences du tribunal puffent être exécutées fur leur argent, en cas qu'ils fuffent refractaires. Je ne fais fi M. l'Abbé de S. PIERRE aura un livre intitulé *Nouveau Cyneas*, publié il y a plus de 30. ans dont l'auteur, qui ne fe nomme point, donne aux Princes le confeil que *Cyneas* donna à *Pyrrhus*, de preferer leur repos, & comodité à leur ambition, & propofe en même tems un tel tribunal commun. Je me fouviens qu'un Prince favant d'autrefois, de ma connoiffance, fit un difcours aprochant & voulut que Lucerne en Suiffe fut le

fiege

fiege tribunal. Pour moi je ferois d'avis de l'établir
à Rome même, & d'en faire le Pape prefident,
comme en effet il faifoit autrefois figure de Juge entre les Princes Chrétiens. Mais il faudroit en même
tems que les Eccléfiaftiques repriffent leur ancienne
autorité, & qu'un interdit & une excommunication
fit trembler des Rois & des Royaumes, comme du
tems de NICOLAS I. ou de GREGOIRE VII. Et
pour y faire confentir les Proteftans, il faudroit
prier Sa Sainteté, de rétablir la forme de l'Eglife
telle qu'elle fut du tems de *Charlemagne* lorfqu'il tenoit le Concile de Francfort; & de renoncer à tous
Conciles tenus dépuis, qui ne fauroient paffer pour
écuméniques. Il faudroit auffi que les Papes reffem-
blaffent aux premiers Evêques de Rome. Voilà des
projets qui réuffiront auffi aifement que celui de M.
l'Abbé de S. PIERRE; mais puifqu'il eft permis de
faire des Romans pourquoi trouverons-nous fa fiction
mauvaife qui nous rameneroit le fiecle d'or?

Je ferois bien aife d'aprendre le nom du Chirurgien
ou Médecin François, qui démontre l'anatomie en
figures de cire, & celui du Peintre qui eft fon affocié, & celui de l'Anatomicien des écoles de Chirurgie
qui imite cet ouvrage. Je crois qu'Etiquette eft un
terme géneral qui ne convient pas feulement à l'Etiquette du palais, & je doute qu'on trouve que ces
mots fuperflus, *eft hic quæftio*, ayent été en ufage
fur les morceaux attachés aux facs de papier, &
quel raport entre ces mots & le ftile du palais? Ainfi
je crois que cette derivation eft auffi vraifemblable
que celle qui derive les Huguenots du commencement
de la harangue d'un Reformé qui dit: *huc nos veni-
mus*. Il y a peu d'aparence auffi qu'un Suédois ait
porté les François à apeller les fagots coterêts: je
croirois plutôt que coterêts eft corrompu de cote-
lets; coftes, *cofta*, étant des pieces minces & longues comme celles qui compofent les fagots, qui

reffem-

reſſemblent aux côtes *coſtas* de nos oſſemens. Il a été plus facile que les mots Allemands trinquer, gaſt, e-taſe ſoient rependus en France. *

Ma lettre n'étoit pas encore depéchée lorſqu'une autre eſt ſurvenue de votre part. Je vous ſuis bien obligé du détail que vous me donnez, Monſieur, de ce qui s'eſt paſſé publiquement dans les deux Acade-mies. Je trouve comme vous que les matieres qu'on a traitées dans celle des Belles Lettres n'étoient pas des plus utiles ni des plus intereſſantes; l'examen des arts utiles des anciens vaudroit mieux. La toilette des Veſtales m'a fait ſouvenir du prétendu *ornamen-tum matutinum.* Expreſſion dont celui qui a con-trefait le vrai PETRONE, pour forger celui qu'on diſoit venu de Bellegrade, s'eſt ſervi pour Romani-ſer les manieres Françoiſes & tourner la toilette en Latin.

Si dans la ſéance publique de l'Academie des Scien-ces M. EMERY a bien expliqué ſon ſyſteme parti-culier des couleurs cauſées par les acides & les alcalis, il faut s'en contenter en attendant mieux, quoiqu'il ne le puiſſe point lier avec un ſyſteme géneral de phiſique, dont nous ſommes encore trop éloignés.

Vous me donnez une bonne idée, Monſieur, de M. le Chevalier RAYMOND, en me diſant qu'il a profité des remarques de ſes amis ſur ſon ouvrage. Peut-être que les maximes de M. DE LA ROCHEFOUCAULT & les ſentimens de l'Abbé ESPRIT, qui n'ont pas aſſez rendu juſtice à la vertu, lui ont donné dans la vue, car les reflexions de cette nature qui ſe recommandent par un certain air de penétration frapent les jeunes gens. Mais il y a là-dedans un revers, qu'on ne con-noît pas des conſiderations plus mûres. Je ſouhaite que les perſonnes ingenieuſes tournent leur eſprit du côté de ce qui peut édifier, & rendre le bon agréa-ble.

Mylord

Mylord SCHAFTSBURY, Anglois, fils du Comte de SCHAFTSBURY, autrefois grand Chancelier d'Angleterre, a publié des ouvrages fur la Philofophie & la Morale, où il y a bien des chofes qui me contentent extrêmement.

Il y a auffi des avis aux Auteurs du tems. Il m'a envoyé fes ouvrages, & M. JUNKER m'a envoyé auffi fa *Geographiam medii ævi Germaniæ*.

Vos Lettres, Monfieur, ont l'avantage des bonnes chofes. Elles font agréables à mefure qu'elles font longues. Je vous en fuis obligé, étant avec zele,

Monfieur,

Votre très humble &

très obéïffant ferviteur,

LEIBNIZ.

Hanover ce 4 de
Juin, 1712.

XIII.

AU MEME.

MONSIEUR,

IL y a quelque tems que je me fuis donné l'honneur de vous écrire, & j'efpere que ma lettre vous aura été rendue. Celle-ci eft principalement pour vous faire tenir la lettre ci-jointe de M. KORTHOLT. C'eft celui qui m'a donné l'honneur de votre connoiffance.

Le Roi de Suede quittera bientôt Bender, c'eft-à-dire auffi-tôt que l'ambaffade Polonoife aura été à la Porte & aura concerté, l'ordre & la maniere de fon paffage. Mais l'on doute fi le Roi voudra accepter

des

des loix qui le tiendront trop à l'étroit & s'il n'aime-
ra pas mieux prendre un autre chemin, s'il se trouve
privé de l'espérance de profiter de son passage par la
Pologne. Avec tout cela ce Prince vous poura fournir de la matiere pour continuer l'histoire de ses exploits; & si la paix se fait entre la France & les
hauts Alliés, comme la Grande Bretagne le conseil-
le, il y a de l'aparence qu'on songera d'un commun accord à son rétablissement, au moins dans la
plus grande partie de ce qu'il a perdu; mais quelques-uns de ses partisans parlent bien haut, & sans
se contenter d'un rétablissement. Ils se figurent déja qu'il va détrôner une seconde fois le Roi Au-
GUSTE.

Ne ferez-vous point imprimer, Monsieur, vos
méditations sur la Guerre. On m'a parlé d'un
Chevalier François, officier en service dans vos ar-
mées de Flandres, qui travaille aussi à un ouvrage
sur l'art de la Guerre, & a bien lu les anciens & les
modernes. Je ne sais si vous savez qui ce peut être.
Je suis avec zéle,

Monsieur

Votre très humble &

très obéïssant Serviteur,

Hanover ce 29.
Juillet, 1712.

LEIBNIZ.

XIV. AU

XIV.

AU MEME.

MONSIEUR,

LA nouvelle de votre incommodité m'a donné de l'inquiétude, & quoiqu'elle soit passée, il faut des précautions pour en prévenir les retours. La science de la Médecine vaut mieux que celle de la Guerre, & seroit beaucoup plus estimable si les hommes étoient sages. L'une & l'autre est des plus difficiles, & des plus sujettes aux hasards. J'ai peur que les grands Médecins ne fassent mourir autant d'hommes que les grands Géneraux. Le mal est qu'on s'aplique plus à l'art de faire du mal qu'aux arts bien faisans : & si on prenoit autant de soin de la médecine que de la science militaire, & si les recompenses des grands Médecins étoient aussi grandes que celles des grands Géneraux, la médecine seroit bien plus parfaite qu'elle ne l'est. J'ai lu le livre de M. HEQUET, & je le trouve savant & ingénieux ; mais je trouve aussi qu'il varie beaucoup, & qu'il est forcé bien souvent de quiter son système, & de recourir à d'autres. A dire vrai, nous ne sommes pas encore en état de former tels systemes, & jusqu'ici il faut s'aider de tout dans une science si conjecturable, & plus empirique que rationelle. Les contes Arabes de M. de la CROIX & de M. GALAND me paroissent des contes bleus bien souvent. L'histoire de Chingischan de M. de la CROIX, & les Remarques des médailles de M. GALAND vallent mieux. Ce M. de la CROIX est-ce le fils de l'interprete du Roi ? que j'ai connu il y a plus de trente ans & qui m'avoit lu alors une partie de son Chingischan.

Les

Les Livres qu'on produit en Allemagne ne valent guere mieux qu'une partie des vôtres; il y en a pourtant, mais pas en fort grand nombre qui ne font pas à méprifer. Le celebre M. JEAN ALBERT FABRICIUS m'a dédié une Differtation favante fur les noms des mois des differentes nations. C'eft domage qu'il ne fut pas encore l'origine du nom Allemand du mois de février qui eft *Hornung*, que j'ai deterré des figures trouvées fous la Cathédrale de Paris, où il y a le Dieu *Kernunnos* ayant des cornes fur la tête; auffi *cern*, *horn*, *cornu*, κέρας, font-ce la même chofe en Celtique, Allemand, Bas-Breton, Latin, Grec, pour ne rien dire du *keren* des Hébreux. Ainfi je concluds qu'on celébroit dans les Gaules & dans la Germanie la fête du Dieu *Kernunnos* ou *Hornung* au mois de février.

Monfieur ECCARD, qui a été mon fecrétaire, & qui eft maintenant Profeffeur en hiftoire à Helmftat s'aplique fort aux recherches de l'ancien Théotifque, & il vient de publier un Catéchifme Théotifque, où font les anciens fimboles de la foi & autres pieces catéchétiques en vieux Allemand, & il y ajoute de bonnes Remarques. Je l'encourage de tout mon poffible à pourfuivre fes recherches.

Le Difcours de M. ROIE paroît reffemblant à celui que feu M. BEVUERLAND, Hollandois, vouloit publier de *Proftibulis Veterum*. Si M. ROIE communiquoit le fien à des gens de mon âge & de mon humeur il ne fcandaliferoit perfonne, mais de vouloir le lire dans une affemblée publique d'une celebre Academie, c'étoit s'attirer une affaire. Je n'ai rien fu de la difpute du *ver facrum* entre M. BOIVIN & M. COÛTURE, dont je fuis la caufe innocente, & je n'aurois point cru que la chofe fût difputable.

Votre Poëme intitulé *le Souverain,* merite d'être lu & pefé par les Souverains. Vos *deux Heros*, le

D   Roi

Roi de France & le Roi de Suede, qui ont veritablement beaucoup des veritables Heros, feroient parfaits s'ils avoient plus pour but le bien des hommes que leur propre gloire, qui pourtant feroit en ce cas plus grande.

Nous n'aurions point été fâché si l'entreprise du Roi de Dannemark fur le pays de Brême eut échouée comme celle de Pomeranie. Mais il ne trouvoit de la refiftance qu'à Stade, où il y avoit une petite garnifon.

Monfieur Funck, Envoyé de Suede à Conftantinople, ayant reçeu une lettre du Roi avec ordre de la prefenter au Sultan, le Grand Vizir lui opofa, que les Miniftres étrangers ne voyent le Sultant que lorfqu'ils arrivent ou lorfqu'ils s'en vont. Cependant il fut obligé de deferer à fes inftances, & le Sultan accorda l'audience. M. Funck, après les complimens ordinaires par Interprete, & après avoir delivré fa lettre, dit quatre ou cinq paroles en Turc, qui fignifioient que la verfion en Turc étoit dans la lettre. Cela fit fourire le Sultan, mais le Grand Vizir en parût fâché.

Les Mofcovites ont quité Elbing, de peur que les Turcs n'en prenent prétexte de rompre de nouveau. Quoiqu'il en foit, le fort du Roi de Suede eft encore très incertain. Les fiens le folicitent de revenir ; mais il efpere toujours de faire encore changer la Porte pour la troifieme fois. Et les Miniftres de France & d'Angleterre, dit-on, l'affiftent. Le danger de la pefte diminue ici, grace à Dieu, d'autant plus que l'hiver aproche.

Ne voulez-vous pas continuer, Monfieur, vos travaux fur la fcience militaire ? Vous devriez vous hâter pour prévenir la paix qui rendra ces livres moins recherchés ; fi ce n'eft que vous craigniez peut-être de découvrir aux Alliés contre la France

des

des fecrets qu'ils pouroient employer contre votre patrie.

. Monfieur BAUDELOT m'a envoyé fon ouvrage bien favant & bien ingénieux, fur une Cornaline du Roi, apellée *Cachet de Michel Ange.*

On m'a párlé encore d'un habile antiquaire Médecin à Paris apellé M. GENEURIER. qui feroit capable de donner encore de belles chofes fur l'antiquité. Il faut finir. Je fuis avec paffion,

Monfieur,

Votre très humble &

trè obéïffant ferviteur,

LEIBNIZ.

XV.

A U M E M E.

MONSIEUR,

NON content de me communiquer de belles notices de votre chef, vous m'en procurez de vos habiles amis, tels que M. MAUMENET dont les vers m'ont contenté doublement, par eux-mêmes & par l'objet qu'ils celébrent ; car je prens part à la gloire de l'illuftre Abbé BIGNON, qui fait honneur aux fciences, & qui travaille avec tant de fuccès à leur avancement. J'envoie à M. MAUMENET deux diftiques Latins que je fais à la *louange* de ce grand homme, mais qui ne font capables que de marquer ma veneration.

D 2   II

Il se peut que le R. P. LOBINEAU ait tort s'il a avancé que la Bretagne a été un fief indépendant: mais je ne voudrois pas qu'on chagrinât un habile homme, si après des travaux immenses pour le public, il lui est échapé quelques erreurs: soit qu'on le refute, mais avec le ménagement qu'il merite.

Je n'ai encore rien vu que je sache de ce savant M. l'Abbé de VERTOT dont vous me parlez, Monsieur, & je serois bien aise d'aprendre ce qu'il fait, & ce qu'il médite. Peut-être aussi que le Pere JOUVENCY n'a pas eu trop de tort de faire l'apologie d'un homme de son ordre, qui avoit eu l'imprudence d'enseigner de mauvais dogmes assez en vogue dans ce tems-là, mais qui n'étoit point réponsable de l'action de son écolier, qui en avoit fait une plus mauvaise aplication.

Et quant à la conduite du Cardinal TOURNONS, je crois que le Pere a eu raison de la blâmer pour justifier son ordre; car il paroît en effet que le Cardinal s'est précipité d'une étrange maniere; & je crois que le Pape sera obligé de le désavouer tacitément quelque détour qu'il puisse prendre pour cacher ce désaveu.

Je serois bien aise d'aprendre quelques particularités de ce Critique, qui a écrit contre l'histoire du Pere DANIEL.

J'ai lu avec plaisir le beau Livre de M. l'Archévêque de CAMBRAY sur l'Existence de Dieu. Il est fort propre à toucher les esprits, & je voudrois qu'il fit un ouvrage semblable sur l'Immortalité des ames.

S'il avoit vu ma *Theodicée*, il auroit peut-être trouvé quelque chose à ajouter à son bel ouvrage. Je voudrois bien savoir si on a donné une recension du mien dans le Journal des Savans de Paris, & dans les Memoires de TREVOUX: L'un & l'autre m'am'avoit été promis, & M. l'Abbé Bignon lui-même m'avoit marqué qu'il étoit furpris, que le Journal ne parlât pas encore de mon Livre, & qu'il y mettroit ordre. Il me femble qu'il doit fuffire à un Cenfeur de Livres de ne rien rencontrer qui foit contraire à la Religion, à l'Etat ou aux bonnes moeurs. Il n'eft point néceffaire d'examiner fi l'auteur ne fe trompe point, & ne trompe point les autres en débitant quelques erreurs pour des verités. Ainfi il n'eft point néceffaire que votre *France fous* Louis le Grand fubiffe le jugement d'un homme capable de tout éplucher. Quand on en trouveroit qui pût, où en trouveroit-on qui le voulût faire? Ainfi le Public feroit fort à plaindre fi ce Livre auffi-bien que votre *Cours Militaire* ne paroiffoient pas. Les preffes recommencent à rouler. Je voudrois qu'ils fuffent des premiers.

J'efpere que les Journeaux feront mieux fournis d'orénavant, & vous aurez plus de matiere, Monfieur, pour m'inftruire fur les nouveaux ouvrages, comme vous avez la bonté de faire.

Si Monfieur le Comte de Steinbock après la victoire gagnée fut retourné à Stralfund, il auroit fait plus maigre chere, & auroit eu la bourfe moins péfante, que lorfqu'il a pouffé du Mecklebourg dans le Holftein, mais il auroit confervé fon armée & fa gloire.

Voici une nouvelle d'une autre efpece. Je viens de recevoir une lettre d'un Prince regnant de l'Empire où S. A. me marque avoir vu deux fois ce printems à la derniere foire de Leipzig & examiné avec foin un chien qui parle. Ce chien a prononcé diftinctement plus de trente mots, répondant même affez à propos à fon maître: il a auffi prononcé tout l'Alphabet excepté les lettres m n x.

J'ai eu l'honneur autrefois de faire la reverence au Cardinal d'Estrees à Rome, & l'honorant

comme

comme il le merite. Je suis bien aise d'aprendre qu'il se porte si bien dans un si grand âge. Au reste je suis avec zele,

Monsieur,

Votre très, &c.

P. S. Un Seigneur de mes amis a trouvé dans la Clef du cabinet des Princes, Novembre 1712, page 374. qu'un certain Médecin à Paris, nommé Monsieur CHAUMEL, prétend faire certaines pastilles excellentes, & un onguent apellé *Divin.* Ce Seigneur dans l'esperance d'obtenir quelque soulagement à ses maux, voudroit savoir si ses médecines font veritablement quelque bruit & quelque effet considerable, & vous m'obligerez fort, Monsieur, si vous voulez avoir la bonté de vous en informer. S'il y avoit de la verité dans les promesses, je voudrois vous suplier d'en achêter.

XVI.

A U M E M E.

MONSIEUR,

VOUS avez peut-être vu le Dictionaire des Antiquités qui vient d'être publié en Hollande, c'est comme un Abregé alphabétique des grands Volumes qui portent le nom de *Thesaurus Antiquitatum.* Je ne méprise point ces recherches, mais j'estime celles qui nous servent à present, & qui peuvent encore servir à la posterité, comme tout ce qui est utile à la connoissance de la nature & des arts: ainsi votre *France sous* LOUIS LE GRAND & votre *Cours Militaire* me plairoient davantage.

On

On a projeté une médaille fur l'arrivée de l'Imperatrice Regnante que je ne trouve point mauvaife. Vous favez ce vers de Martial :

Phofphore redde diem , quid gaudia noftra moraris ?
Cæfaris adventu Phofphore redde diem.

On a donc pris pour le corps de la dévife le Phofphore ou l'étoile de Venus, & pour l'ame ce mot : *redde Diem.*

Je fuis avec paffion & zele

Monfieur ,

Votre très humble &

très obéïffant ferviteur

LEIBNIZ.

XVII.

LETTRE

DE M. LEIBNIZ à M. CONRAD WIDOU,

Sénateur de la République de Hambourg.

Monsieur ,

Sextus Empiricus merite d'être réïmprimé, car il eft peu connu, & cependant il fert beaucoup à entendre la Philofophie des Anciens Grecs. Je me fouviens d'avoir fait un jour des remarques fur fon premier livre qui contient le fondement de cet Auteur.

Le

Le Pere BERNARD PETZ m'eſt auſſi peu connu que ſon frere, je n'ai connu perſonne à Vienne, qui travaillât à un recueil des Hiſtoriens d'Auſtriche. Ainſi vous m'obligerez, Monſieur, de m'en aprendre plus de particularités. Je n'ai point ſu, que les Jeſuites traitoient les Peres de la Congrégation de S. Maur comme des gens qui ne font rien, ce ſeroit une injuſtice manifeſte. Il y a un aſſez grand nombre d'habiles gens parmi cette eſpece de Bénédictins, pour qu'on puiſſe remplir un ouvrage de leurs vies.

Toute l'année que j'ai été ici, a été employée a des travaux Hiſtoriques, dont je tâche de me débaraſſer. Le voyage de Vienne ſuivi d'une aſſez longue abſence a auſſi interrompu mes correſpondences. Je crois que Hambourg eſt un lieu très propre à aprendre les nouvelles literaires comme les autres.

Monſieur,

votre

très obéiſſant ſerviteur

LEIBNIZ.

Hanover ce 7. de
Decemb. 1715.

XVIII.

AU MEME.

MONSIEUR,

ON m'a déja mandé de Berlin que M. le Marquis DE CROISSY fait donner de l'ornement à ſa dignité par une grande connoiſſance des belles lettres. Il a montré dans ſon ſéjour auprès du Roi de Suede à Stralſund, que les armes ne ſont pas moins
ſon

fon fait, & qu'il eft à tout faire. J'ai vû le Traité
Allemand fur le féqueftre de Stetin, fait fans doute
par un habile homme. Je ne fais fi M. DE STADE
en eft l'auteur. Si c'étoit le Pere, je fouhaiterois
qu'il nous donnât plutôt fon OTFRIDUS, & autres pieces *Théotifques*: car les matieres politiques
font trop problématiques. Mr. l'Abbé DE MELK
qui eft genereux & a de quoi, fait bien d'employer
les Peres PETZ. Une Bibliotheque Bénedictine eft
quelque chofe de très diffus. L'ouvrage du P: STEY-
RER fera bon, car il s'eft donné de la peine pour
éplucher des difficultés genealogiques fort embrouil-
lées, & il s'y eft pris comme il faut, ayant eu re-
cours aux fources autant, qu'il lui a été poffible.
Quand vous écrirés à M. GENTILOTTI, Monfieur, vous m'obligerez de lui faire mes complimens. Je fuis ravi d'aprendre, que l'Empereur veut
donner du luftre à fa Bibliotheque, & écoute M.
GENTILOTTI là-deffus. On m'a parlé du deffein
du nouveau bâtiment. Je voudrois qu'une Bibliotheque fut tellement difpofée, qu'on pût arriver
aux livres fans fe fervir d'échelle. M. GENTILOT-
TI m'a fait envoyer une queftion mathematique venue de Naples, & j'y ai répondu.

Je vous fupplie fur tout, Monfieur, de feliciter
M. BARTENSTEIN de ma part de fon établiffement
à Vienne. J'en ai de la joye, & comme il eft jeune & très capable, je crois, qu'il poura aller loin.
Quelqu'un m'a mandé qu'il eft fort bien auprès M.
le Comte de STARENBERG un des plus intimes Miniftres de l'Empereur. Ce Seigneur a de la penétration infinement. Quand j'étois à Vienne il étoit
encore chargé du poids des Finances, & par conféquent il n'avoit pas trop de loifir: cependant j'ai eu
quelques fois l'honneur de l'entretenir, & j'ai eu
l'occafion d'admirer la folidité de fon jugement. Il
n'y avoit qu'une chofe où je n'en demeurois point

d'accord,

d'accord, c'est qu'il outroit un peu les matieres de religion.

Si M. BARTENSLEBEN me vouloit écrire quelquefois, & m'informer un peu de ce qui se passe à Vienne, il m'obligeroit, & il suffiroit d'envoyer à M. RECK, Conseiller & Agent au Conseil Aulique de notre cour, & qu'il me voudroit faire tenir.

J'ai ouï parler de l'incivilité dont on dit que le P. HARDOUIN en a usé envers M. PFAFF, quoique M. PFAFF dont j'ai eu des lettres, ne m'en ait rien écrit. M. PFAFF a du savoir & du merite.

Je suis bien aise que les MSS. de M. HINKELMAN sont mis à couvert de la dissipation. Monsieur DE LA CROZE a un savoir très étendu, mais il a sur tout un talent très grand pour les langues. Après avoir defriché l'Armenien, il va au Copte. Le Pere BONJOUR Augustinien, s'y étoit fort apliqué, mais je crois qu'il s'est embarqué dans un voyage du Levant, & il ira chercher les langues dans leurs sources. Il y a longtems que je n'ai plus ouï parler de lui. Le Reverend Pere TOURNEMINE a mis dans ses Memoires de Trévoux sa refutation de mes conjectures sur l'origine des anciens François, que je fais venir de la mer Balthique & à peu près des peuples entre l'Eider & l'Oder ; mais sa maniere de refuter est très honnête, à ce qu'on me mande.

M. DE SOMME m'a obligé en me portant vos complimens, & en marquant comment je les ai reçus, c'est-à-dire comme je devois, & comme le meritoit celui qui les portoit. Je me suis tenu au lit le plus souvent pendant cet hiver, parceque mes pieds sont très foibles, mais par bonheur je ne souffre guere de douleur, & même au besoin je puis faire quelque voyage, ayant été à Wolffenbuttel, il y a quelques semaines. Si je pouvois faire un jour un tour à Hambourg, je reverrois les Manuscrits de

JUN-

JUNGIUS que j'ai vû il y a plus de 30. ans, favoir avant l'incendie, qui en a fait perdre la plus grande partie par le malheur du pauvre M. VAGETIUS.

Monfieur,

Hanover ce 8. de
May 1716.
            Votre &c.

XIX.

A U   M E M E.

MONSIEUR,

SI vous avez eu des nouvelles de Vienne & de Paris, je ferai ravi d'en aprendre quelque chofe. Vous m'obligerez particulierement.

Le R. P. TOURNEMINE a fait quelques objections contre mon petit difcours *de Origine Francorum.* Je lui ai envoyé ma réponfe, & j'efpere que le Pere la fera inferer dans les memoires de Trévoux, comme il y avoit fait mettre fes objections. Vous favez, Monfieur, que M. GUNDLING m'a auffi fait des objections dans fes *Gundlingiana* & qu'il y a fait inferer ma réponfe. Il prépare une replique, mais je ne fais pas encore, s'il fera à propos que je donne une duplique.

Comme certains Anglois m'ont attaqué fur l'invention du calcul des differences, mais d'une maniere qui me paroiffoit peu convenable, j'ai (au lieu de leur répondre) fait publier le jugement du celebre M. BERNOULLI fur cette controverfe; il eft tout à fait neutre, & il n'a pu s'empécher de prononcer pour moi.

Maintenant M. NEWTON voyant que je ne voulois point répondre à fes émiffaires, a écrit lui-mê-
                                                me

me une lettre à un tiers pour m'être communiquée. J'y ai répondu par une autre lettre , & j'espere qu'elle aura pu le désabuser. Cependant nous sommes encore en dispute sur la Philosophie naturelle, & cette dispute est agitée sans aigreur. Les communications se font encore par écrit : mais un jour le public en poura être informé.

Monsieur ,

Pirmont ce 10.   *Votre &c.*
   d'Août 1716.

XX.

A U   M E M E.

Monsieur,

J'Ai fait ma cour à Pirmont, pendant que sa Majesté y beuvoit les eaux. Elle a paru fort gaie , & les eaux lui ont fait du bien. Des Seigneurs Anglois il n'y a presque eu que M. le Secrétaire d'Etat Stanhope. On en attend encore, mais le nombre n'en sera pas aussi grand qu'on l'avoit cru.

Pendant que j'étois à Pirmont , on a reçu un courier Anglois de Madrit , qui a porté la chute du Cardinal de Gjudici, & un courier de Cabinet de la cour de France , dépéché par le Marquis de Torcy , & enfin un exprès de Wolffenbuttel, qui aporta la nouvelle de la grande victoire remportée sur les Turcs, que l'Imperatrice regnante avoit mandée à la Princesse de Beveren sa Soeur par un exprès, qui aporta aussi la lettre du Prince de Beveren qui avoit été à la bataille.

Cette victoire changera beaucoup la face des affaires. Le Prince Alexandre *de Wurtenberg* qui
campoit

campoit avec un corps à part à Ségédin fur la Teiffe a eu ordre après la bataille d'aller inveftir Temef-war. De forte que Belgrade & Temefwar pouroient être affiegés tout à la fois.

M. VAN DER HART m'a envoyé un petit traité, dans lequel il prétend que la fameufe *Circé* d'Ho-mere, fignifie la ville de Cirrha dans la Phocide. Il explique de même géographiquement plufieurs au-tres fables & métamorphofes. Il y a de *l'efprit & de l'érudition*; mais ces explications ne me paroiffent point vraifemblables. J'ai reçu la premiere partie de la verfion Angloife de l'Iliade d'Homere, faite par un habile homme nommé M. POPE. Il y a mis une belle *Preface*, & tient quafi le milieu entre Ma-dame DACIER & M. DE LA MOTTE.

Monfieur,

Votre

très obéiffant ferviteur

Hanover ce 21 d'Août 1716.

LEIBNIZ.

XXI.

A U M E M E.

MONSIEUR,

JE fuis bien obligé à Mr. HULIN de s'être fouve-nu de moi & d'avoir marqué à M. l'Evêque D'AVRANCHES combien je l'honore.

Je fouhaiterois la connoiffance de quelque curieux à loifir demeurant à Paris, favant ou demi favant qui pouroit donner des bonnes informations litteraires. Les perfonnes fort favantes ne font pas ordinairement

les

les plus difposées à ces fortes de correfpondences. Un Libraire même un peu intelligent y pouroit être utile, mais ces gens ont coutume d'être trop intereffés.

Je crois que l'édition de Sextus Empiricus de M. Fabricius fera achevée. Je me fouviens d'avoir fait autrefois des petites remarques fur le premier livre de ce Philofophe. Mais elles n'étoient que philofophiques. Comme il y donne quelque entrée dans les principes de fa fecte, ce premier livre me parut inftructif.

Lorfque vous écrirez aux RR. PP. de S. Germain des Prés, je vous fuplie de demander le fentiment de Dom Montfaucon & de M. Baluze fur la petite difpute agitée entre le R. P. Tournemine & moi dans les memoires de Trévoux fur l'origine des François. S'ils n'ont point vu mon petit ouvrage même imprimé là-deffus, M. Remond qui eft du Confeil de Monfeigneur le Régent, le poura fournir, car je le lui ai envoyé.

Monfieur,

Hanover ce 6.
d'Octob. 1716.

Votre &c.

XXII.

A U M E M E.

Monsieur,

UN ami que j'ai à Paris, qui eft avec un jeune Comte de Waldeck ayant eu charge de montrer mon difcours *de origine Francorum* à Monfieur Baluze, qu'il connoît, je defire que ce même difcours foit auffi montré au R. P. Montfaucon, pour avoir le jugement de l'un & de l'autre : je fouhaite que le P. Dom Montfaucon veuille avoir la bonté

té de demander ce difcours à M. Baluze, pour le
lire auffi, & pour nous en pouvoir dire fon fentiment,
comme je l'en fuplie, & j'ofe vous fuplier auffi,
Monfieur, d'y vouloir joindre vos prieres. J'ai été
prefque deux femaines à Brounfvic, où j'ai eu l'avantage de voir M. Mascou, dont je fuis extremement
content. Je vous ferai obligé, Monfieur, de la
connoiffance de M. Schez de Strasbourg, que vous
me voulez donner, & qui me poura dire des particularités des remains de Jungius.

Monfieur

Votre

très obéïffant ferviteur,

LEIBNIZ.

Hanover ce 23.
d'Octob. 1716.

XXIII.

A U M E M E.

Monsieur,

MR. l'Abbé de St. Pierre (parent de M. le
Maréchal de Villars) m'a envoyé la continuation de fon projet d'établir une paix perpétuelle en Europe par le moyen d'une Société des Souverains; qui formeront entre eux un Tribunal, &
garantiront fes fentences ou arrêts. Il l'a dédié au
Régent du Royaume de France. Il veut que j'en
parle ici à M. Stanhope & à M. l'Abbé du
Bois. Mais M. du Bois a déja quité Hanover, &
M. Stanhope eft auprès du Roi. J'ai répondu
qu'il feroit bon qu'il fondât le Régent là-deffus.
Cependant j'ai fait mes Remarques, que je lui ai envoyées

voyées. J'ai intercédé pour l'Empire, qu'il femble vouloir anéantir & diffiper par fon projet, qui eft un renouvellement de celui de HENRI IV. expliqué par M. de SULLY & par M. de PEREFIXE. Et comme M. l'Abbé veut que tous les Princes fe contentent de ce qu'ils poffedent maintenant fans conteftation; je lui ai objecté: ,, qu'il faudra donc ,, anéantir *omnia pacta confraternitatis aut fucceffo-* ,, *ria* ; & toutes les ouvertures, ou échéances féo- ,, dales. &c. & même les fucceffions qui viendroient ,, à d'autres maifons par femmes.

Madame, dont M. l'Abbé a été Aumonier, me faifant la grace de m'envoyer ce Projet, ne paroît pas être trop perfuadée de fa réüffite. Quelques raifons que M. lAbbé de St. PIERRE aporte, les plus grandes puiffances, l'Empereur, le Roi de la Grande Bretagne, la France, l'Efpagne, ne feront pas fort difpofées à fe foumettre a une efpece d'Empire nouveau. Si M. l'Abbé de St. PIERRE les pouvoit rendre tous Romains, & leur faire croire l'Infallibilité du Pape, on n'auroit point befoin d'autre Empire que de celui de ce Vicaire de JESUS CHRIST. Je voudrois bien, que vous apriffiez, Monfieur, mais de vous même, ce que M. POUSSIN dit du projet de M. l'Abbé de St. PIERRE, & ce que d'autres en difent en France.

Monfieur,

Votre très obéïffant ferviteur,

Hanover ce 30 d'Octob. 1716.

LEIBNIZ.

XXIV. LET-

XXIV.

LETTRE

DE M. *LEIBNIZ* à M. *HERÆUS.*

MONSIEUR,

JE dois vous dire qu'un *Rescriptum* est allé de la Chancellerie à la Régence ici pour avoir son *Gutachten*, ou sentiment sur mon memoire pour la *Société des Sciences*. Je n'ai pas encore l'honneur de connoître M. le Comte de KEVENHILLER. Si vous le connoissez particulierement, Monsieur, je vous prie de le voir pour le sonder & encourager. Il faut encore vous dire que Monseigneur le Prince EUGENE a parlé favorablement à l'Empereur sur ce dessein, & que Sa Majesté Imperiale & Catholique a temoigné des dispositions favorables, & là-dessus j'ai dit à S. & S. hier au matin que j'avois apris que le plus court seroit si l'on pouvoit porter les Etats des provinces à quelque petite dépense annuelle, il suffiroit que l'Autriche inferieure voulut se resoudre à . . . . . . livres, par exemple, & d'autres provinces à proportion. Le Prince de Savoye en parlera à l'Empereur. Il seroit peut-être bon, que Monseigneur le Comte Philippe de DITRICHSTEIN en parlât aussi bientôt sur ce pied avec Sa Majesté Imperiale. Le point seroit de faire en sorte que Messieurs les Etats d'Autriche le fissent volontairement, ils y viendroient peut-être plus volontiers de cette maniere qui n'auroit aucun air de contrainte ou d'obligation. M. le Prelat de MELK, & d'autres après M. le Land-Marschal y pourroient beaucoup. Ce seroit à l'exemple de ce qu'ils ont fait pour leur

E

Aca-

Academie Equestre. Penſez un peu, Monſieur, avec moi à la maniere de leur faire inſinuer la choſe. Je ſuis avec paſſion,

Monſieur, &c.

Vienne ce 28. d'Octob. 1713.

XXV.

AU MEME.

Monsieur,

JE n'ai pas voulu vous être importun en vous don-nant de la peine ſans aparence de fruit. Main-tenant je dois vous dire d'avoir apris de bonne part, que nonobſtant la grande guerre qu'on médite, & les difficultés dont peut-être le changement du gouver-nement des Finances ſe trouve encore environné; l'Empereur a declaré depuis peu, qu'il vouloit pen-ſer à la Société des Sciences. Comme votre ſavoir, Monſieur, & votre zele pour l'avancement des bel-les connoiſſances, & ſurtout pour le ſervice de l'Em-pereur, & encore votre bonté pour moi vous y font prendre part; je vous ſuplie de vouloir bien en par-ler à Mademoiſelle de KLENK, Dame de la Clef d'Or de la Majeſté de l'Imperatrice AMALIE, qui aura la bonté de vous en informer, car je l'en ai priée. Et comme on aura beſoin principalement pour le commencement, du Royaume de Boheme & de l'Archiduché d'Autriche; je l'ai ſupliée d'en toucher quelque choſe à M. le Comte SCHLIK, & j'ai ajouté que vous pouriez entrer en détail là-deſſus a-vec ſon Excellence. Quant à l'Autriche, je l'ai priée auſſi d'en dire quelque choſe à M. le Comte de HARRACH pour commencer à bien diſpoſer ſon Excellence là-deſſus. Après cela nous trouve-rons quelqu'un de ſa connoiſſance pour venir auſſi a-vec

vec lui aux particularités, & il faudra toujours venir
enfin à ces deux Seigneurs. M. le Comte de HAR-
RACH me temoigne auſſi de la bonté, & a toujours
répondu à mes lettres. Quand on n'établiroit pas
la choſe ſi-tôt, il faut toujours commencer à en de-
liberer ſerieuſement le plutôt qu'on peut pour gagner
le tems. Car peut-être dans peu ou la guerre ſera
finie, ou ſera ſi heureuſe, qu'on ne s'arrêtera plus à
un peu d'argent, & mon âge veut que je preſſe la
choſe, ſi je veux y prendre part, & je ſouhaiterois
qu'elle fut avancée un peu avant mon retour, afin
que je ne perde point le tems en ſolicitations. Cependant il ſera bon de tout menager, & d'éviter un
éclat inutile, & de n'en rien dire que là où il le
faut. . . . . Puiſque vous m'avez fait eſperer,
Monſieur, le beau jetton ſur l'Imperatrice regnante,
ſi je vous marquois à qui le donner, je vous ſuplie
de le mettre entre les mains de M. THEOBALD
SCHOETTEL très honnête & habile homme, & fort
de mes amis, & qui veut bien avoir ſoin de mes affaires particulieres. Au reſte je ſouhaiterois de vous
pouvoir être utile à quelque choſe étant avec zele.

Hanover ce 28.
Nov. 1715.

XXVI.

AU MEME.

MONSIEUR,

JE vous ſuis bien obligé de l'honneur de votre
derniere Lettre qui marque veritablement votre af-
fection pour moi. Il ſeroit à ſouhaiter qu'on pen-
ſât un peu à la Société des Sciences pour gagner le
tems. Car quoiqu'il n'y ait point de l'aparence
maintenant que l'Empereur ſe reſolve d'y faire de la

dé-

dépenſe pendant la guerre, il faudroit toujours commencer les deliberations là-deſſus qui traineront naturellement, & elles pouroient s'achever avec la
guerre pour venir à l'exécution après la paix. Il
m'a paru que la voye des provinces dont chacune y
deſtinât quelque choſe par an, non ſeulement en
Allemagne, mais encore hors de l'Allemagne ſeroit
la plus naturelle, car c'eſt proprement le bien des
pays. Je ſerois bien aiſe d'avoir votre ſentiment là-
deſſus, & je ſuis avec zele.

Hanover 1 de Nov.
1716.

XXVII.

L E T T R E

Du P. le GOBIEN à M. LEIBNIZ.

MONSIEUR,

JE viens de recevoir une grande Lettre du R. P.
BOUVET laquelle il me prie de vous communiquer, c'eſt pourquoi je vous en envoie une copie
exacte. Depuis la date de cette Lettre qui eſt du 8. novembre 1700. nous en avons reçu d'autres datées du
2. de décembre de la même année, leſquelles nous
aprennent que les Jeſuites ont conſulté l'Empereur
ſur le vrai ſens des ceremonies Chinoiſes, dont on
fait tant de bruit en Europe depuis quelques années.
Il a fallu prendre de grandes précautions pour ne
donner aucun ſoupçon à l'Empereur de la diviſion qui
eſt entre les Miſſionnaires ſur cette importante matiere, de la déciſion de laquelle depend la perte ou
le

le falut de toute la Chine. Les Jefuites qui font à la Cour de Pekin ont jugé à propos de prefenter un écrit à l'Empereur dans lequel ils lui marquent que les Savans de l'Europe ont été furpris des ceremonies que les Chinois font pour honorer Confucius, leurs ancêtres &c. qu'ils font perfuadés qu'elles font fondées fur de bonnes raifons, & qu'ils fouhaiteroient fort qu'on leur en envoyât une explication claire & diftinĉte. Les Peres expliquent enfuite ces ceremonies nettement & en peu des mots, & fuplient fa Majefté de voir fi l'explication qu'ils en donnent eft dans le vrai fens de la nation, & en cas qu'elle n'y fût pas, qu'elle veuille bien la faire corriger, afin qu'ils n'envoyent rien que d'autentique & de fûr aux Savans de l'Europe. L'Empereur ayant fait examiner cet écrit, & l'ayant examiné lui-même, répondit, qu'il n'y avoit rien dans cet écrit qui ne fût très conforme à la grande doĉtrine (c'eft ainfi que les Chinois apellent la doĉtrine de Confucius) que tout ce qui y eft contenu eft très vrai, & qu'il n'a befoin d'aucune correĉtion. Cette décifion qui eft enrégiftrée dans les archives du palais & qui a force de loi, eft datée du 30. novembre 1700.

Comme l'Empereur eft le *Légiflateur* de la nàtion, & le chef de la Religion de l'Etat, à qui il apartient de décider de toutes les queftions qui regardent la Religion, il n'y a plus à douter que ces ceremonies ne foient purement civiles & politiques, puifque l'Empereur le déclare lui-même par un aĉte fi autentique.

Il paroît par cette décifion que les anciens Miffionaires qui avoient étudié cette matiere plus de trente ou de quarante années, l'avoient plus aprofondie que les nouveaux Miffionaires, qui n'étant entrès dans cet Empire que depuis douze ou quinze ans ne favent les chofes que fuperficiellement, d'autant plus qu'ayant toujours demeuré dans les Provinces les plus

éloi-

éloignées de la Cour, ils n'ont pu confulter les Savans de l'Empire, ni s'inftruire a fonds de ces matieres qui font très difficiles. J'ai cru, Monfieur, que
je vous ferois plaifir de vous faire part de cette importante nouvelle, qui donne de la joye à tous ceux
qui s'intereffent à la propagation de l'Evangile.
Vous voyez par là que vous avez penfé jufte fur ces
matieres, dans la belle & favante preface que vous a-
vez mis à la tête de votre *Noviſſima Sinica*, & que
tous les Savans ont fi fort goutée. On ne doit pas
en être furpris, puifque rien n'échape à vos grandes
lumieres. Je fuis avec bien du refpect,

　　　　Monfieur,

　　　　　Votre très humble & très
　　　　　　obéiſſant ferviteur

à Paris ce 10.　　　　　*C. LE GOBIEN.*
Nov. 1701,

XXVIII.

L E T T R E

Du R. Pere BOUVET, Miſſionaire de la Com-
pagnie de Jeſus, au R. Pere le GOBIEN,
de la même Compagnie.

MON REVEREND PERE,

QUoique quelques-uns croyent que L'Y-KING
le plus ancien ouvrage de la Chine, & peut-
être du monde, & la vraie fource d'où cette
nation (au fentiment de tous les Savans) a tiré toutes
fes fciences & coûtumes, ne contient qu'une doctrine corrompue, pleine de fuperftitions & fans aucun
　　　　　　　　　　　　　　　fonde-

fondement ou principe folide : je ne fuis pas de leur
fentiment, & je fuis même perfuadé qu'ils fe trom-
pent, & qu'ils font injure aux anciens Chinois qui paroiffent avoir eu dans le commencement une Philofophie auffi pure & auffi faine, & j'ofe ajouter peut-
être encore plus folide & plus parfaite que n'eft aujourd'hui la nôtre.

J'avoue que cette verité n'eft pas aifée à perfuader
d'abord à ceux qui ont lu la plupart des livres que les
Chinois eftiment le plus, comme les KING ou livres
claffiques avec leurs meilleurs commentaires, fur-
tout ceux qui ont été faits par leurs plus grands hommes fur L'Y-KING que je confeffe être rempli de
beaucoup d'erreurs & d'une efpéce de divination purement fuperftitieufe.

Mais d'un autre côté, on ne peut nier, que parmi toutes ces erreurs, on ne voye briller en cent endroits certains traits d'une lumiere fi vive & fi pure,
que pour peu qu'on fe donne la peine de les ramaffer
& de les comparer les uns avec les autres, on ne s'a-
perçoive auffitôt par le raport & la liaifon reciproque
que qu'ils ont enfemble ; & par la parfaite conformi-
mité qu'on y trouve avec ce qui nous refte de plus
admirable de la fageffe des anciens, qu'ils font fortis
de la même fource, & que ce font comme ceux-là
autant de précieux reftes du débris de la plus ancienne & plus excellente Philofophie enfeignée par les premiers Patriarches du monde a leurs defcendans, &
enfuite corrompue & prefqu'entierement obfcurcie
par la fuite des tems. Ce qui s'accorde parfaitement
avec le fentiment general & unanime de veneration
& d'eftime que les Savans de la Chine ont eu depuis
trois ou quatre mille ans pour leurs premiers Péres,
qu'ils difent avoir poffedé les fciences dans un fouve-
rain dégré de perfection, comme l'Arithmétique, la
Mufique, l'Aftronomie, ou l'Aftrologie, & la Médecine ou Phifique ; & qu'ils ont toujours cru pou-

voir

voir recouvrir dans le même dégré de perfection, s'il s'étoit trouvé quelqu'un parmi eux assez heureux pour developer les misteres de L'Y-KING ou pour mieux dire du systeme que leur premier Legiflateur Fo-HII leur a laissé dans cette figure celebre, composée de 64. caracteres, & de 384. petites lignes entieres & brisées diversement combinées entre elles, dans laquelle ils ont toujours dit & supposé que ce Prince des Philosophes avoit renfermé toutes les sciences.

C'est en partie sur ce temoignage universel de tout ce que la Chine a eu de savans hommes depuis plus de quatre mille ans, & en partie sur le raport merveilleux, que j'ai trouvé en cent endroits des livres Chinois, de leurs idées & de leurs principes aux idées & principes de nos anciens Sages sur toutes les sciences & même sur la Religion ; que m'étant persuadé que c'étoit très probablement toute la même chose au moins quant à l'origine, & qu'il se pouroit peut-être bien faire que la figure du systeme de Fo-HII fût comme un simbole universel inventé par quelque genie extraordinaire de l'antiquité, comme MER-CURE TRISMEGISTE, pour representer aux yeux les principes les plus abstracts de toutes les sciences, c'est-à-dire sur ces fondemens que je me suis apliqué depuis quelques années à considerer cent & cent fois cette figure ingenieuse. Et parceque tous les com-mentaires, qui ont été faits depuis près de trois mille ans sur ce systéme par de très grands hommes, dont CONFUCIUS a été un des principaux, parois-sent plus propres, pour en embrouiller & obscurcir davantage le veritable sens, que pour en developper le mistere, ayant laissé à part tous ces commentai-res, & m'étant attaché uniquement à la figure, je l'ai considerée en tant de sens differens, qu'après a-voir combiné & recombiné ce qui m'a paru de plus solide dans les principes des sciences Chinoises

avec

avec les principes les plus anciens de nos sciences,
j'ai fait par le moyen des nombres, qui sont la base
de ce systeme, l'analise de la figure de Fo-HII
d'une maniere si heureuse, que je ne doute point que
je n'en aye enfin decouvert tout le mistere, ou du
moins une route très sure & très aisée pour y arriver, & que je suis à present persuadé, comme les
meilleurs disciples que Fo-HII ait jamais eu à la
Chine, que son systeme renferme effectivement toutes les autres sciences. A en juger par l'analise que
j'en ai faite, ce n'est autre chose qu'une métaphisique numeraire, ou une méthode géherale des sciences très parfaite, & dressée non seulement suivant les
regles des trois sortes de progressions des nombres,
mais encore suivant celles des figures & proportions
de la Géométrie & les loix de la Statique, toutes é-
galement nécessaires pour bâtir un systeme aussi simple & aussi propre que celui-ci, pour mettre de l'ordre dans toutes les sciences, & pour rendre raison de
tout ce que nous admirons dans les ouvrages du
Créateur qui, selon le temoignage de la sainte Ecriture, y a observé toutes ces regles & les a tous fait
in numero, pondere & mensurâ.

Pour faire voir en passant à ceux qui ont connoissance de la Philosophie des nombres (qui est proprement la science de ce systeme) que les choses que j'a-
vance ne sont pas de simples conjectures, je vous dirai qu'il consiste dans une double suite de nombres,
plans & solides, tellement enchaînés entre eux par
toutes les consonances de la Musique, & par une
harmonie perpétuelle, que quadrant exactement avec
les 64 caracteres & les 384 petites lignes de la figure, il representent les periodes avec toute l'harmonie
des mouvemens celestes, & outre cela tous les principes nécessaires pour expliquer la nature & les pro-
priétés de toutes choses, les causes de leur generation
& de leur corruption, fournissant en même tems

E 5 tout

tout ce qu'il faut non seulement pour rétablir l'ancienne Musique de la Chine perdue depuis 15. ou 20. siecles tout au moins, mais encore pour recouvrer ce que nous avons perdu de celle des *Grecs* dont les trois genres ou systemes, savoir la Diatonique, le Chromatique, & l'Enharmonique, peu connus de nos jours avec tous leurs modes, se trouvent dans toute leur étendue, placés & arrangés dans ce systeme d'une maniere si naturelle & si admirable, qu'il suffit de jetter la vue sur quelques figures que j'ai dressées de ces mêmes nombres, pour resoudre avec évidence, & sans aucun embarras, les problemes de la Musique, les plus difficiles qui ayent été agités depuis plus de 1500. ou deux mille ans tant à la Chine qu'en Europe parmi les Savans.

Au reste le raport singulier que ce systeme numeraire me paroît avoir dans son tout & dans ses parties avec celui de PYTHAGORE & de PLATON, assez mal entendu dès le tems de CICERON, puisque ce grand Orateur, quelque intelligent qu'on le crut dans ce genre de Philosophie, voulant marquer l'obscurité de quelque chose, disoit *id numero Platonis obscurius*, ce raport, dis-je, me fait croire, que c'est en effet le même systeme, & que les nombres du systeme de FO-HII sont ces nombres du systeme de PLATON, où CICERON trouvoit une si grande obscurité.

Que si outre cela ces mêmes nombres conviennent encore avec les nombres du Sabat, & des années jubilaires des Hébreux, & avec les autres nombres misterieux de leur ancienne Kabale, non de la moderne, qui est pleine de superstitions & d'erreurs, comme je trouve qu'il conviennent très exactement, il me paroît comme hors de doute, que ce systeme de FO-HII, & l'ancienne Philosophie de la Chine, prise selon les principes légitimes & solides, étant si conforme à la Philosophie du divin PLATON, & à cel-

celle des anciens Hébreux, c'eſt-à-dire de Moiſe &
des anciens Patriarches, qui ont reçu cette doctrine
comme par revélation du Créateur, ne peut ni ne
doit point paſſer pour une ſcience ſuperſtitieuſe &
corrompue, mais qu'elle doit au contraire être regardée comme un inſtrument très propre pour reformer
toutes les erreurs & ſuperſtitions, où l'ignorance de
cette légitime & ſolide Philoſophie dans laquelle les
Chinois ſont tombés par la ſuite des tems les a mal-
heureuſement précipités.

Je concluds de-là que ceux des Miſſionaires qui
pour procurer la converſion de cette nation, em-
ployent tout leur eſprit & la meilleure partie de leur
tems à l'étude des livres Chinois, au lieu de s'apliquer, comme a fait juſqu'ici M. Maigrot, à
preſent Monſeigneur de Conon, à faire voir par
l'autorité des Philoſophes du moyen âge depuis
Confucius, leſquels en perdant comme ils ont
fait pour la plus part les principes de la doctrine de
Fo-hii, c'eſt-à-dire leur ſaine & légitime Philoſophie, ont auſſi preſque tous perdu la connoiſſance
diſtincte du vrai Dieu, & du veritable culte dont
leurs premiers peres l'honoroient, au lieu, dis-je, de
s'apliquer uniquement à prouver que la religion de
cette nation a été de tout tems une pure ſuperſtition
& un vrai athéiſme, ce qui ne ſe peut ſoutenir d'un
côté ſans autoriſer nos prétendus athées d'Europe
par l'exemple d'une nation entiere, qui depuis ſi
longtems tient pour pluſieurs raiſons comme le premier rang dans toute l'Aſie; & du côté des Chinois,
non ſeulement ſans faire injuſtice à cette nation, mais
encore ſans mettre un obſtacle preſqu'invincible à
ſa converſion étant preſqu'impoſſible dans cette ſu-
poſition de l'obliger à abandonner toutes les pratiques
& coûtumes que M. Maigrot a condamné de ſuperſtition & d'idolatrie, & même de l'entreprendre
ſans s'expoſer à un danger évident & prochain de
ruïner

ruiner en un moment l'ouvrage de plus d'un siecle, comme M. MAIGROT doit l'avoir reconnu depuis quelques mois lui-même par sa propre experience dans un tumulte arrivé à cette occasion, & qui a failli à devenir funeste à tout le Christianisme.

Au lieu donc, dis-je de prendre une voye si peu convenable à la fin, que le saint Siege, & la sacrée congrégation Messeigneurs les Prelats & Vicaires Apostoliques, & tous les Missionaires se proposent, le moyen le plus raisonnable, le plus sûr, & le plus efficace, à ce qui me paroît, seroit que tous les Missionaires s'étudiassent de concert à faire voir aux Chinois les erreurs & contradictions de leur Philosophie moderne en les ramenant peu à peu, comme Dieu aidant, il n'y aura rien de plus naturel & de plus aisé, aux principes solides de la vraie & légitime Philosophie de FO-HII, leur premier maître, en quoi cette nation, toute superbe qu'elle est, faisant profession de suivre les lumieres de la droite raison, auroit d'autant moins de peine de nous écouter qu'elle reconnoitroit elle-même qu'un changement si raisonnable n'auroit rien d'humiliant pour elle, & que cela ne feroit au contraire que l'attacher davantage à la pureté de son ancienne doctrine, & à ses premiers maîtres, pour qui elle a toujours eu une si grande veneration.

Après cette demarche par la liaison si nécessaire qui se trouve entre les principes de la vraie Philosophie & ceux de la vraie Religion, on voit assez de quelle facilité il seroit de faire reconnoitre aux Philosophes Chinois les absurdités de l'athéisme, & de toutes leurs autres erreurs & superstitions, & l'oposition formelle qu'a tout cela avec cette Philosophie ancienne dont ils auroient compris la certitude, & de les porter ainsi doucement & sans aucune violence à les retrancher, comme ils feroient sans doute d'eux-mêmes assez excités par la honte, qu'ils au-

roient

auroient qu'on les vît adherer plus longtems contre leurs propres principes à des erreurs si grossieres.

Tous ces grands obstacles au Christianisme étant une fois éloignés de l'esprit & du coeur des Philosophes par une voye aussi douce & aussi efficace que celle-là, quoi de plus aisé après cela aux Missionaires que de leur inspirer l'estime pour les dogmes sublimes de la foi, & pour les saintes maximes de l'Evangile, qu'ils écouteroient alors avec admiration, & enfin avec plaisir comme une doctrine toute celeste, & qui mettroit le souverain dégré de perfection aux verités naturelles de leur Philosophie, & à la pureté de leur morale.

Pour passer encore plus avant, si quelques-uns de nous entreprenoient à present de rétablir les sciences de la Chine, & de les mettre dans leur ancienne perfection, à quoi je vois une grande facilité par le moyen du systeme de Fo-hii, dont je viens de donner une petite idée, je puis dire qu'un petit ouvrage de cette nature, qui plairoit infiniment à l'Empereur, & outre son aprobation lui feroit encore donner celle de tous les Savans du College Imperial, auroit bientôt cours dans tout l'Empire, & y seroit regardé comme la doctrine de l'Etat: de sorte que comme les Missionaires en y travaillant n'auroient pas manqué par un saint artifice d'y mettre tous les antécédens nécessaires pour l'établissement du Christianisme dans tout l'Empire, ou pouroit esperer avec beaucoup de fondement, que cela donneroit un jour, comme le branle à la conversion génerale de cette nombreuse nation.

A Pekin le 8 de Nov.
1700.

XXIX. LET-

XXIX.

LETTRE

Du P. BOUVET à M. LEIBNIZ.

MONSIEUR,

VOUS devez avoir reçu par la voye d'Angleterre la réponse que je fis l'an passé à la savante & trop obligeante Lettre, que je reçus cette même année de votre part. Pour me procurer de tems en tems des marques aussi utiles & aussi agréables que celle-là de l'honneur de votre souvenir, je devois bien mieux profiter de deux occasions favorables que j'ai eues cette moisson ; & prendre la liberté de vous écrire par quelqu'une de ces voyes-là encore plus amplement que je ne fis l'an passé. Mais le départ avancé du vaisseau, qui nous a ramené le Pere de FONTANEY ; & celui de ce même Pere, qui nous quite une seconde fois, pour retourner en France, où le bien de cette mission le rapelle, ne m'ont pas laissé le tems nécessaire pour me satisfaire, comme j'aurois souhaité, sur ce point.

Cela m'obligeant de me contenter d'une courte Lettre, je vous dirai seulement, Monsieur, qu'ayant continué cette année avec la même aplication l'étude des anciens livres de la Chine, j'ai eu le bonheur d'y faire de nouvelles découvertes, qui me paroissent d'autant plus importantes, qu'elles ont un raport très particulier à la Religion ; & qu'elles ouvrent une route également naturelle & facile pour conduire l'esprit des Chinois, non seulement à la connoissance du Créateur & de la religion naturelle ; mais encore à JESUS CHRIST, son fils unique
que

que, & des verités les plus difficiles du Chriſtianiſ-
me. Si j'avois le loiſir d'entrer ici dans quelque détail, vous auriez le plaiſir d'aprendre par la lecture
de cette Lettre, que le ſyſteme preſqu'entier de la
vraie Religion ſe trouve renfermé dans les livres
claſſiques des Chinois; & que les principaux miſteres
de l'Incarnation du Verbe, de la vie, de la mort du
Sauveur, & les principales fonctions de ſon ſaint mi-
niſtere ſont contenues comme d'une maniere prophé-
tique dans ces précieux monumens de l'antiquité
Chinoiſe. Vous feriez étonné auſſi bien que moi,
de voir que ce n'eſt que comme un tiſſu continuel
d'ombres, de figures, ou de prophéties des verités de
la loi nouvelle. Et j'aurois le plaiſir de vous donner la juſte idée qu'on doit avoir de ces admirables
livres, pour leſquels les Chinois ont eu de tout
tems, avec plus de raiſon qu'on n'a cru juſques ici,
une eſtime beaucoup mieux fondée, qu'ils ne croyent eux-mêmes, Car depuis environ deux mille
ans qu'ils ont perdu preſque tout-à-fait la connoiſſance du vrai Dieu, en perdant la ſignification ié-
roglyphique de leurs charactères, & l'intelligence de
leurs anciens livres, ils n'ont pu conſerver qu'une
eſtime ſuperficielle pour la doctrine qui y eſt conte-
nue, puiſque depuis ſi longtems elle a ceſſé de faire
ſentir à leurs eſprits la ſublimité & la ſainteté des
verités & des maximes, qui en font la veritable économie. Et puiſque j'ai commencé de vous dire in-
génument ce que je penſe des livres canoniques &
des characters Chinois, j'ajouterai ce que je crois
qu'on doit ſupoſer comme une choſe très certaine,
ſavoir que les uns & les autres ſont beaucoup plus
anciens que les Chinois mêmes, & que ce ſont des
monumens fideles de la tradition la plus ancienne que
les Peres communs de toutes les nations ont laiſſées
à leurs deſcendans, & que les Chinois ont conſervé
plus ſoigneuſement que les autres.

Auſſi

Auffi depuis que j'ai lu les livres qui traitent de l'origine de cette nation ; & examiné les fondemens fur quoi elle fe donne une fi grande antiquité, fuis-je bien éloigné du fentiment de tous ceux qui ont cru jufqu'ici être obligés de les en croire fur leur temoignage. Au contraire je crois être évidemment convaincu, qu'environ les vingt premiers fiecles de leur hiftoire font bien differens des autres ; & qu'on ne les doit regarder que comme des fiecles fabuleux, ou, pour mieux dire, comme ces tems obfcurs, qui ont donné occafion à l'hiftoire mythologique & obfcure des Grecs. Ainfi je prétens que la premiere partie de leur hiftoire, contenant cette longue fuite d'Empereurs & de Rois depuis Fo-hii le prétendu fondateur de cette monarchie, jufques à quelques fiecles avant Confucius, n'eft à la bien definir qu'une hiftoire allégorique, ou une efpece de poëme hiftorique inventé & compofé par fes auteurs, quels qu'ils ayent été, pour expliquer d'une maniere agréable & favante le fyfteme de la Religion ancienne: de même à peu près que les Grecs, pour ne rien dire des autres peuples, dont l'origine fe confond également dans la fable des fiecles obfcurs, ont expliqué la Religion de leur nation par ce tiffu de fictions, dont leurs poëmes font compofés: avec cette difference néanmoins que ceux-ci ayant abandonné les traditions anciennes, & corrompu également leurs moeurs & leur doctrine, fe firent un fyfteme de Religion impie & monftrueux, & le reprefenterent dans leurs poëfies fous des images conformes au deréglement de leurs paffions. Et ceux-là au contraire conftamment attachés à la pureté de la doctrine, & des coutumes les plus anciennes de la Religion, femblent en avoir confervé & voulu perpétuer le veritable efprit dans toutes ces allégories & fictions mifterieufes de leur hiftoire mythologique, dont on ne connoîtra bien tout le pur & merveil-

leux

ieux artifice, que quand on aura achevé de-develo-
per tous ces mifteres par une exacte analife tant des
principaux charactcres ïeroglyphiques qui y ont été
employés, que des principes d'Arithmétique, de
Géométrie, d'Aftronomie, d'Aftrologie, de Muſi-
que, de Métaphiſique, de Phiſique, &c. Sur quoi
roule tout le fyfteme de l'ancienne & veritable ſa-
geſſe des livres Chinois.

Quelque nouvelles ou ſuſpectes que puiſſent pa-
roître ces fortes de recherches, fur tout aux perſonnes, qui n'ont pas comme vous, Monſieur, les lumieres néceſſaires pour en juger fainement fur des in-
dices auſſi legers & auſſi peu détaillés, que font ceux
que j'ai produits juſqu'ici: toutefois l'heureux ſuccès
que j'ai déja éprouvé dans mes premiers eſſais, particulierement cette derniere année ne me permet pas
de douter qu'on peut venir à bout•de rétablir tout
cet ancien fyfteme, qui à mon ſens n'eſt autre chofe
que le fyfteme univerſel de cette ancienne & divine
magie, dont le débris a été comme la veritable cauſe
de l'univerſel & trifte naufrage, que la Religion &
les ſciences firent alors chez toutes les nations.

Afin de réuſſir dans l'exécution d'un projet ſi u-
tile à l'une & aux autres, il faudroit avoir comme
vous une connoiſſance parfaite des principaux monumens de l'antiquité, jointe à cette penétration &
droiture d'eſprit que le ciel vous a donnée; & qui
dans les recherches continuelles que vous faites avec
tant de bonheur pour la perfection des arts & des
ſciences, ſemble vous conduire fur les mêmes veſti-
ges, qu'ont ſuivi ces grands hommes de la plus haute antiquité, qui ont merité d'être les maîtres de tous
les autres.

Mais au defaut de cela, ce ſera toujours un très
grand avantage pour moi, ſi vous voulez bien continuer à me faire part de vos belles découvertes, fur
tout de celles que vous jugerez devoir être d'un plus

F

grand

grand fecours, pour m'aider à déchifrer les mifteres de la fcience ïeroglyphique de la Chine. Si vous avez reçu ma derniere lettre, elle vous aura apris l'état que je fais de ce que vous m'avez touché de votre nouveau Calcul numerique, à caufe du raport fingulier qu'il me paroît avoir au fyfteme ancien des petites lignes de FO-HII, dont j'ai parlé dans une Lettre que je crois qu'on vous a envoyée. Quand vous aurez reçu celle-ci, faites moi la grace de me mander fincerement ce que vous jugez des idées particulieres qui me font venues fur ce fyfteme, & fur les caracteres & livres d'anciens de la Chine: & fi vous trouvez quelque fondement raifonnable à ces chofes, où je crois avoir des veritables évidences, & que j'efpere avec l'aide de Dieu rendre quelque jour fenfibles, obligez-moi d'indiquer au Pere VERJUS les livres que vous jugez les plus propres à me favorifer dans ces fortes de recherches. Et n'oubliez pas, s'il vous plaît, entre autres certain traité de KEPLER fur une Lettre du Pere TERENTIUS, dont vous m'avez parlé, & que je n'ai encore pu avoir.

Si j'avois ici à ma difpofition & à mon choix feulement quatre ou cinq de nos Miffionaires, qui vouluffent entrer dans les mémes idées, & travailler de concert avec moi, je ferois d'avis de commencer de faire de nouveaux commentaires fur tous les livres canoniques des Chinois, & fur la premiere partie de leur hiftoire, & de faire un nouveau dictionaire par l'analife de chaque charactere. Ces ouvrages étant achevés de la maniere que je conçois qu'ils peuvent l'être en peu d'années, fourniroient à mon fens tout ce qui eft néceffaire pour nous donner une jufte idée de la loi naturelle, & de l'économie de la Religion des premiers Patriarches, lorfqu'elle étoit la plus floriffante; pour rétablir le fyfteme ancien & univerfel des fciences, & parvenir tout d'un coup à ce dégré de perfection, où toutes nos Academies de

Savans,

Savans, ont entrepris par une voye bien plus longue & plus laborieuse de les pousser.

Si vous jugez avec moi, Monsieur, que les livres Chinois puissent fournir aux Savans d'Europe, de quoi féconder le grand dessein de la Perfection des Sciences, auquel vous avez eu jusqu'ici tant de part, inspirez au Pere VERJUS & au Pere de la CHAIZE, qui en feront une estime très particuliere, & y auront toute sorte d'égards, les pensées qui vous viendront à ce sujet, & conseillez-leur, si vous le trouvez bon, d'apliquer environ une demi douzaine des plus habiles de nos Missionaires, qui formant une espece de petite Académie Chinoise travaillent de concert d'un côté à fournir ici à leurs confreres, les moyens les plus solides & les plus efficaces pour y dilater & affermir le Christianisme ; & d'un autre pour donner aux Savans d'Europe toutes les connoissances, qu'ils peuvent souhaiter de la Chine pour l'exécution de leur projet. Je ne puis mieux vous marquer que par là, Monsieur, l'envie sincere que j'ai de correspondre, & au grand zele que vous avez pour l'établissement de la foi dans cet Empire, & à la juste inclination que vous avez montré pour toutes ces sortes de connoissances. Ainsi vous devez regarder cette Lettre comme un effet de la deference & du respect profond avec lequel je suis,

Monsieur,

Votre très humble &

trè obéissant serviteur,

A Peking ce 8. Novemb. 1702.

J. BOUVET. J.

F 2

RE-

XXX.

REMARQUES

De M. LEIBNIZ sur le sentiment du P. BOUVET de la Philosophie Chinoise.

IL y a bien de l'aparence, que si nos Européens étoient assez informés de la Literature Chinoise, le secours de la Logique, de la Critique, des Mathematiques & de notre maniere de nous exprimer plus determinée, que la leur, nous feroit decouvrir dans les monumens Chinois d'une antiquité si reculée, bien des choses inconnues aux Chinois modernes, & même à leurs Interpretes posterieurs, tout classiques qu'on les croie. C'est ainsi que le R. P. BOUVET & moi nous avons découvert le sens aparemment le plus veritable selon la lettre des caracteres de FO-HII fondateur de l'Empire, qui ne consistent que dans la combinaison des lignes entieres & interrompues, & qui passent pour les plus anciens de la Chine, comme ils en sont aussi sans difficulté les plus simples. Il y en a 64. figures comme dans le livre apellé VE-KIM, c'est-à-dire le livre des Variations. Plusieurs siecles après FO-HII, l'Empereur VEN-VAM & son fils CHEU-CUM, & encore plus de cinq siecles après le celebre CONFUCIUS y ont cherché des misteres philosophiques. D'autres en ont même voulu tirer une maniere de Géomance & d'autres vanités semblables. Au lieu que c'est justement l'Arithmétique Binaire, qu'il paroît que ce grand Législateur a possedée, & que j'ai retrouvée quelques milliers d'années après. Dans cette Arithmétique il n'y a que deux

notes

notes o & 1, avec lesquelles on peut écrire tous les nombres, & quand je la communiquai au R. P. Bouvet, il y reconnut d'abord les caractères de Fo-hii, car ils y répondent exactement, mettant la ligne interrompue — — pour o ou zero, & la ligne entiere —— pour l'unité 1. Cette Arithmétique fournit la plus simple maniere de faire des variations, puisqu'il n'y a que deux ingrédiens. De sorte qu'il paroît que Fo-hii a eu des lumieres sur la science des combinaisons, de laquelle je fis une petite Differtation dans ma premiere jeunesse, qu'on a réïmprimée longtems après malgré-moi. Mais cette Arithmétique ayant été absolument perdue, les Chinois posterieurs n'avoient garde de s'en aviser. Et ils ont fait de ces charactères de Fo-hii je ne sais quels simboles & ïéroglyphes, comme on a coûtume de faire, quand on s'écarte du veritable sens; & comme le bon Pere Kirker a fait par raport à l'écriture des obélisques des Egiptiens, où il n'entendoit rien. Et cela fait voir aussi que les anciens Chinois ont extremement surpassé les modernes, non seulement en piété (qui fait la plus parfaite morale) mais encore en science.

Mais comme cette Arithmétique Binaire quoique expliquée dans les Mêlanges de Berlin, est encore peu connue, & son parallelisme avec les charactères de Fo-hii ne se trouvant que dans le Journal Allemand de feu Monsieur Tenzelius de l'an 1705; je veux l'expliquer ici, où cela semble venir très à propos, puisqu'il s'agit de la justification des dogmes des anciens Chinois, & de leur preference sur les modernes. J'ajouterai seulement avant que d'y venir, que feu M. André Muller, natif de Greiffenhagen, Prévôt de Berlin, l'homme de l'Europe, qui sans en être sorti avoit le plus étudié les charactères Chinois, a publié avec des notes ce qu'Abdalla Beidavaeus a écrit de la

Chine,

Chine,& cet Auteur Arabe y remarque que Fo-Hi1
avoit trouvé *peculiare scribendi genus, Arithmeticam,
contractus & rationaria* ; une maniere d'écrire particuliere, l'Arithmétique, les contrats & les comptes.
Où ce qu'il dit de l'Arithmétique confirme mon
explication des charactères de cet ancien Roi Philofophe, par laquelle ils font reduits aux nombres.

  Les anciens Romains fe fervoient d'une Arithmétique mêlée de la Quinaire & de la Dénaire, & l'on
en voit encore quelque refte dans les jettons.   L'on
voit dans l'ARCHIMEDE fur le nombre du fable,
qu'on entendoit déja dans fon tems quelque chofe
d'aprochant de l'Arithmétique Dénaire, qui nous eft
venue des Arabes, & qui paroît avoir été aportée
d'Efpagne, ou du moins rendue plus connue par le
celebre GERBERT depuis Pape fous le nom de SYL-
VESTRE II.   Elle paroît être venue de ce que nous
avons dix doits.   Mais comme ce nombre eft ar-
bitraire, quelques-uns ont propofé d'aller par douzaines, & douzaines de douzaines &c.   Au contraire feu M. ERHARD WEIGELIUS alla à un moindre nombre attaché au Quaternaire ou Tetractys à la
façon de PYTHAGORE ainfi comme dans la progreffion par 10, nous écrivons tous les nombres dans
fa progreffion quaternaire par 0. 1. 2. 3. par exemple
321 lui fignifioit 2 ✕ 1. 48 ✕ 8 ✕ 1. c'eft-à-dire 57
felon l'expreffion commune.   Cela me donna occafion de penfer que dans la progreffion binaire ou double tous les nombres pouroient être écrits par 0 & 1.
Ainfi :

1	1	
10	2	10 vaudra 2.
100	4	100 vaudra 4.
1000	8	1000 vaudra 8 &c.
10000	16	
100000	32	
1000000	64	
&c.	&c.	

Et

Et les nombres tout de suite s'exprimeront ainſi :

Ces expreſſions s'accordent
avec l'Hypotheſe par exemple

$111 = 100 \times 10 \times 1 = 4 \times 2 \times 1 = 7$

$11001 = 10000 \times 1000 \times 1 = 16 \times 8 \times 1 = 25$

Elles peuvent auſſi être trouvées par l'addition continuelle
de l'unité,

par exemple :

0	0
1	1
10	2
11	3
100	4
101	5
110	6
111	7
1000	8
1001	9
1010	10
1011	11
1100	12
1101	13
1110	14
1111	15
10000	16
10001	17
10010	18
10011	19
10100	20
10101	21
10110	22
10111	23
11000	24
&c.	&c.

Les points
marquent
l'unité que
dans le
calcul
commun
on retient
dans la
memoire.

1
.1
—————
10
1
—————
11
..1
—————
.100
1
—————
101
.1
—————
110
1
—————
111
..1
—————
1000

Mais

Mais pour continuer tant qu'on voudra cette Table de l'expreſſion des nombres pris de ſuite, ou naturels, on n'a pas beſoin de calcul, puiſqu'il ſuffit de remarquer que chaque colomne eſt périodique, les mêmes periodes recourans à l'infini; la premiere colomne contient 0, 1, 0, 1, 0, 1 &c. la ſeconde 0,0, 1, 1, 0, 0, 1, 1, &c. la troiſieme 0, 0, 0, 0, 1, 1, 1, 1, 0, 0, 0, 0, 1, 1, 1, 1, &c. & ainſi des autres colomnes, ſupoſant que les places vuides au-deſſus de la colomne ſoient remplies par des zeros. Ainſi on peut écrire ces colomnes tout de ſorte, & par conſequent fabriquer la Table des Nombres Naturels ſans aucun calcul. C'eſt ce qu'on peut apeller la Numeration.

Quant à l'Addition elle ne ſe fait qu'en comptant & pointant, lorſqu'il y a des nombres à ajouter enſemble, faites l'addition de chaque colomne à l'ordinaire, ce qui ſe fera ainſi. Comptez les unités de la colomne, ſi elles ſont par exemple 29. Voyez comment ce nombre eſt écrit dans la Table, ſavoir par 11101, ainſi vous écrirez 1 ſous la colomne, & mettrez des points ſous la ſeconde, troiſieme & quatrieme colomne après. Ces points marquent, qu'il faut compter par après une unité de plus dans la colomne. La Subtraction ne peut être que très aiſée. La Multiplication ſe reduit à de ſimples additions, & n'a point beſoin de la Table Pythagorique, il ſuffit de ſavoir, que 0 fois 0 eſt 0, que 0 fois 1 eſt 0, & que 1 fois 1 eſt 1. La Diviſion n'a pas beſoin qu'on talonne comme dans le calcul ordinaire. Il faut ſeulement voir, ſi le diviſeur eſt plus ou moins grand que le précédent reſidu, au premier cas la note du quotient eſt 0, au ſecond cas elle eſt 1, & le diviſeur doit être ôté du précédent reſidu pour en avoir un nouveau.

Ces facilités ſont ce qu'un habile homme a propoſé depuis l'introduction de cette Arithmétique dans certains calculs. Mais la principale utilité eſt, qu'elle le fervira beaucoup à perfectionner la fcience des nombres, parceque tout y va par periodes, & c'eft quelque chofe de très confiderable que les puiffances d'un même dégré faites par l'exaltation des nombres naturels mifes tout de fuite, quelque haut que foit ce dégré, n'ont pas des periodes plus grandes que les nombres naturels mêmes qui font leurs racines.

XXXI.

REMARQUES

Sur la Correction de la Philofophie Scholaftique felon les Principes de M. de LEIBNIZ.

Par CHRETIEN KORTHOLT, Maître ès Arts, Affeffeur de la Faculté Philofophique, & Collegiate du Collège des Princes à Leipzig.

§ I.

COmme on eft accoutumé de nommer *Peres* de l'Eglife, ces Théologiens, qui depuis le tems des Apôtres jufqu'au douzieme fiecle fe font diftingués par leur doctrine ou par leurs écrits; de même on apelle Théologiens *Scholaftiques*, ceux qui depuis le douzieme fiecle jufqu'au tems de la Reformation fe font fignalés de la même maniere. On a donné le nom de Philofophie fcholaftique, à celle qui a été enfeignée par la plupart des Scholaftiques. Cette Philofophie a perdu beaucoup de fon crédit depuis la Reformation de LUTHER. C'eft dans ce fiecle-là que la plus grande partie des Philofophes ont tâché de la décrier. Ce qui a eu un heureux fuccès, parceque Philofophie fcholaftique & vaines phantai-

fies

ses passent aujourd'hui pour sinonimes. Pour remarquer le plaisir que les Savans prenent à se jouer
des Maximes scholastiques, lisez, s'il vous plaît, ce
que le docte CHRETIEN THOMASIUS a écrit contre ARISTOTE & ses adorateurs. Je pourai donc
aisément persuader à mes Lecteurs, que la Philosophie, qui a emprunté son nom de l'Ecole, est pleine
d'erreurs.

§ II.

Mais quoique la plupart des Savans décrient avec
raison les subtilités de cette Philosophie, ils ne sa-
vent pourtant pas pourquoi elles doivent passer pour
vaines. Qu'y-a-t'il de plus aisé que de persuader aux
ignorans, que telle ou telle science est inutile? Le
peu d'envie qu'on sent à s'y attacher, dispose le
plus grand nombre à adopter l'opinion, qu'une disci-
pline ne vaut rien. C'est la veritable raison qui fait
qu'on aime mieux croire que la Philosophie scholastique n'est d'aucune importance, que prendre la
peine de l'examiner exactement. J'avoue volontiers que ceux qui méprisent la Philosophie, dont il
s'agit, disent la verité, mais j'ose bien assurer, qu'ils
ne fondent pas leur opinion sur la raison; mais sur
l'autorité de ces Auteurs celebres qui la censurent
publiquement. Et ceux qui se servent de leurs propres yeux, jugent d'ordinaire que l'erreur des Scholastiques consiste en ce qu'ils ont mêlé leur Philosophie avec la Théologie. Peut-être ne veulent-ils
pas dire par-là, que ceux qu'on apelle Scholastiques
ont mal fait de mêler la Philosophie avec la Théologie. Qui est-ce qui croiroit qu'un homme raisonnable pût nier, que la Philosophie soit profitable à
la Thélogie? Par cette façon de parler, la plus
grande faute des Scholastiques consiste en ce qu'ils
ont mêlé la Théologie avec leur Philosophie; on
veut

veut dire vraifemblablement les Scholaftiques ont
mal à propos & d'une maniere qu'on ne fauroit admettre apliqué la Philofophie à la Théologie ; ce
qui eft leur πρῶτον ψεῦδ©. C'eft auffi ce que je
n'ofe pas tout-à-fait condamner, parcequ'on ne peut
nier, que c'eft un grand defaut des Savans de cette
forte. Mais c'eft parler trop géneralement quand on
dit que les Scholaftiques ont, d'une maniere qu'on
ne peut admettre, affocié la Philofophie avec la Théologie. Si nous voulons concevoir diftinctement, en
quoi confifte le defaut des Scholaftiques, il faut
montrer particulierement pourquoi le mêlange de
leur Philofophie avec la Théologie merite d'encourir
le blâme ? C'eft la veritable raifon qui m'a porté à
mettre en écrit, felon les maximes de Monfieur de
LEIBNIZ, les erreurs de la Philofophie des Scholaftiques, & à enfeigner comment on doit les corriger.

§ III.

J'ai dit que la Philofophie des Scholaftiques eft
celle qui a été mêlée avec la Théologie par les Savans Chrétiens, qui depuis le douzième fiecle ont été
en reputation. On peut donc concevoir aifement
quelles font les fautes philofophiques, que je m'en
vais découvrir. Nous favons en géneral que les do-
ctrines théologiques ne peuvent être éclaircies diftin-
ctément, ni prouvées demonftrativément & par de
bonnes raifons, ni foutenues folidément, fi non par
l'affiftance & le fécours de la Philofophie, particulierement de la Logique & de la Métaphifique. La
premiere contient les regles néceffaires pour juger
d'une verité ; l'autre propofe des regles fi géncrales,
qu'il n'y a aucune difcipline qui ne touche les verités que nous enfeigne la Métaphifique. D'où nous
tirons aifément cette conclufion, que l'une & l'autre
font

font néceſſaires à la Théologie. C'eſt ce que les Scholaſtiques n'ignoroient point, & pour cette raiſon ils ont travaillé beaucoup à cultiver en général la Philoſophie, & particulierement la Logique & la Métaphiſique. Depuis le ſiecle de CHARLEMA-GNE les ſeuls Clercs étoient dans l'habitude de donner leurs ſoins & leurs penſées à l'érudition. C'eſt ce qui a contribué en quelque choſe au mêlange de l'étude philoſophique avec celle de la Théologie. Ce mêlange de ces Sciences, géneralement parlant, n'eſt point du tout mépriſable. Mais il nous faut plaindre les Clercs, en ce que dans le douzieme ſiecle il y a eu une eſpece de Théologie en vogue, qui ne ſauroit s'accorder avec une ſaine Philoſophie. C'eſt pour cette raiſon qu'on a cherché à introduire une ſorte de Philoſophie qui pût s'accommoder à la Théologie de ce tems ; & qu'on a négligé d'aprendre la Philoſophie ſelon les regles qui ſont conformes à la veritable raiſon.

§ IV.

Je ſerois trop long, ſi je voulois faire voir poſitivement en quel état a été la Théologie depuis le douzieme ſiecle juſqu'à la Reformation. Il ſuffit de toucher en géneral ce qu'on ne peut pas deſavouer. Tout le monde ſait que le Papiſme en ce tems-là étoit dans un grand luſtre. Nous trouvons donc dans la Théologie des Catholiques les faux dogmes de la tranſmutation du pain & du vin au corps & au ſang de notre SEIGNEUR ; du mérite des bonnes oeuvres ; de l'adoration & des reliques des Saints ; du purgatoire, & autres erreurs. On les faiſoit entrer dans l'eſprit comme des articles de foi, on n'oſoit point entrer en doute de ces verités, & beaucoup moins les nier. Dans ce tems-là les Théologiens Scholaſtiques ont ſi fort eſtimé le Pape, qu'ils ont
penſé

penſé que c'étoit ſe detourner du droit chemin, &
commettre la plus grande faute, que d'oſer le con-
tredire, & s'opoſer à une doctrine qu'il avoit aprouvée. Le dogme de l'unité de l'Egliſe & de l'Evêque comme le fondement de cette unité, qu'on a-
voit debité depuis longtems avec aplaudiſſement,
rempliſſoit tellement l'eſprit de ces gens-là, qu'ils
ont argumenté de cette ſorte: il y a une union métaphiſique entre l'Egliſe viſible & inviſible, c'eſt-à-
dire, ce qui arrive dans l'Egliſe viſible s'accorde a-
vec ce qui arrive dans l'inviſible. Notre Seigneur
eſt le Chef de l'Egliſe viſible; par conſéquent il
faut que les Chrétiens aprouvent les dogmes que le
Pape trouve bons. Ceux que le Pape tient pour
membres de l'Egliſe viſible, doivent auſſi être comp-
tés entre les membres de l'inviſible. Ce foible argument delivroit ceux de l'Egliſe Romaine de toute crainte, & ils mépriſoient toutes les objections.
Car on croyoit être aſſez bien fondé à ne point
douter d'une verité, qui étoit la doctrine publique
de l'Egliſe viſible aprouvée par le Pape. C'eſt la
veritable raiſon pourquoi les Catholiques ont ren-
verſés & changés les principes philoſophiques fondamentaux qui ne s'accordoient pas avec leurs erreurs établies déja, tant que la contradiction qui ſe
trouvoit dans leurs dogmes, n'a pas été ſi viſible.
J'aprouve donc le jugement de M. le Docteur
Hevmann, qui nomme la Philoſophie ſcholaſtique: *Philoſophiam in ſervitutem Theologiæ Papæa
redactam*, c'eſt-à-dire une Philoſophie accommo-
dée pour ſoutenir les erreurs de l'Egliſe Romaine.

§ V.

Comme c'étoit le principal deſſein des Philoſophes
qu'on apelle Scholaſtiques, de maintenir les erreurs
publi-

publiquement établies ; nous pouvons auſſi par ce deſſein juger plus aiſément de cette Philoſophie. Qui-
conque prend ſans raiſon la defenſe de quelques erreurs , & veut excuſer des dogmes opoſés à la raiſon,
il faut néceſſairement qu'il faſſe des choſes tout-à-
fait contraires à l'avantage de la verité. Pour la defenſe d'une doctrine veritable on demande principalement (1) qu'on ait une notion diſtincte & une idée
claire du *ſubjectum* & du *prædicatum* , comme parlent les Logiciens, de cette propoſition dont on veut
traiter. (2) Qu'on faſſe voir par cette notion diſtincte de ce *ſubjectum* , pourquoi il eſt convenable au
prædicatum. (3) Qu'on ne tire pas une conſéquence
néceſſaire d'aucune propoſition , ſi on n'a pas fait
voir pourquoi le *ſubjectum* s'accorde avec le *prædicatum*. On ne peut point douter que cela ne ſoit
néceſſaire , premierement parcequ'on ne peut rien
dire des choſes inconnues , & rien de certain des choſes peu connues. Secondement il n'y a point de
doute , qu'il faut juger par la nature d'une choſe ſi
l'autre s'accorde avec elle ou non ? Et quand nous
avons une notion diſtincte des deux , on jugera d'autant plus facilement s'il y a une certaine connexion
entre ce *ſubjectum* & ce *prædicatum*. Enfin il n'eſt
pas difficile de faire voir pourquoi on ne peut pas tirer ſurement la conſéquence d'aucune propoſition , ſi
on n'a point montré la liaiſon néceſſaire du *ſubjectum*
avec le *prædicatum*. Il y a deux ſortes des propoſitions. Dans l'une le *ſubjectum* convient au *prædicatum* , à cauſe de la definition du *ſubjectum* , & par
conſéquent dans toutes ſes circonſtances. On apelle
cette propoſition *univerſelle* par excellence. Par exemple quand on dit : chaque homme a une ame. Dans
cette propoſition le *ſubjectum* l'*homme* eſt convenable
au *prædicatum* l'*ame* , à cauſe de la definition du *ſubjectum*, c'eſt-à-dire de l'*homme*. Car un homme eſt
un animal , qui a une ame raiſonnable. Mais quelquefois

quefois le *prædicatum* ne convient point au *subjectum* à caufe de la definition du *subjectum*, & par conféquent il ne s'accorde pas avec toutes les circonftances. Par exemple : *quelques hommes font doctes.* On ne peut pas tirer aucune conféquence de cette derniere propofition, jufqu'à ce qu'on ait exprimé la condition pourquoi le *prædicatum* apartient au *subjectum.* Car nous ne pouvons pas argumenter ainfi : Il y a quelques hommes favans, Mr. Leibniz eft donc un homme favant. Or on peut tirer cette conféquence dès qu'on a ajouté la raifon pourquoi le *prædicatum* convient au *subjectum.* A favoir en cette maniere : Ces hommes-là font favans, qui ont étudié avec ferveur, & par leur genie compris des chofes utiles. Il s'enfuit par cette propofition, que M. Leibniz eft un homme favant. Confultez, s'il vous plaît, la differtation de M. Leibniz *de la connoiffance de la verité & des idées*, que vous trouverez dans les Actes des Savans de Leipzic de l'an 1684. page 531. f. & voyez la *Logique Latine* du celebre Chretien Wolf.

§ VI.

Je n'ai pas fans raifon allegué quelques regles qu'il nous faut obferver pour la recherche & la defenfe de la verité, & cela afin de faire voir clairement comment le Scholaftiques fe font comportés pour maintenir des menfonges & des dogmes qui ne conviennent pas avec la faine raifon. Il leur a fallu faire le contraire de ce qu'on exige de ceux qui veulent defendre la verité. Il leur a fallu juger des notions obfcures du *subjectum* & du *prædicatum* des propofitions dont ils ont traité. Il leur a fallu affocier un *prædicatum* à un *subjectum*, fans avoir trouvé un fondement fuffifant dans la notion du *subjectum*. Il leur a fallu tirer des confequences des propofitions, quoiqu'ils n'euffent

fent pas fait d'attention à la condition pourquoi il falloit donner un *prædicatum* à un *subjectum*. Leurs écrits temoignent assez qu'ils ont commis de telles fautes. Je traiterai de chacune de ces erreurs particulierement.

§ VII.

J'ai dit, que les Philosophes Scholastiques ont souvent tiré une conséquence des notions obscures. Il n'est pas nécessaire de le faire voir. Lisez les Livres des Sentences de PIERRE LOMBARD, vous y trouverez d'abord un grand defaut de bonnes definitions. La plupart sont débitées comme notoires, quoique le principal point de l'affaire roule sur elles. Peut-on donc s'étonner qu'ils ont associés des notions confuses, aux choses dont ils traitent? Car nous n'avons naturellement que des notions confuses, qui deviennent distinctes lorsque nous ajoutons l'art avec le jugement. Outre cela il est assez connu, que les Philosophes Scholastiques ont disputé avec subtilité des saints misteres de notre Religion Chrétienne, & qu'ils ont tiré de la maniere dont se font les misteres, & qui leur étoit pourtant tout-à-fait inconnue, plusieurs conséquences. Je ne parlerai par exemple que des conséquences, qu'ils ont tirées de la doctrine de la presence du corps de notre Seigneur JESUS CHRIST dans l'Eucharistie. Les principaux d'entre les Scholastiques ont cru, qu'à cause de la presence du corps de JESUS CHRIST dans le saint-Sacrement, il falloit soutenir que ce corps-là est aussi bien present, quand le pain consacré vient par hasard à être mangé par une souris, ou par un petit rat, ou par quelque autre animal. Les Scholastiques sont tombés en cette sorte de faute, parcequ'ils ont tiré des conséquences d'une idée trompeuse, & de la notion contradictoire, & par conséquent confuse,

qu'ils

qu'ils ont eue de la présence Sacramantele dans l'Eucharistie. Qui est ce qui ne peut pas s'apercevoir, que cette doctrine sote & inconsidérée de la présence du corps de JESUS CHRIST dans le pain consacré, quand une souris l'a mangé, tire son origine de la fausse doctrine des Scholastiques touchant la transmutation du pain sacré au corps de notre Seigneur. D'une transmutation de cette sorte on ne peut nullement former qu'une idée contradictoire. Car puisque l'on voit à l'oeil, que la substance du pain reste dans le saint Sacrement, il en résulte incontestablement, que le corps de JESUS CHRIST n'a pas été transmuté : *Impossibile est idem simul esse & non esse.* Il est impossible, que la même chose existe & n'existe pas. L'autre origine des fautes commises par les Scholastiques consiste en ce qu'ils ont entrepris de tirer des conséquences de la maniere dont se fait la présence sacramentele : quoiqu'on ne lise autre chose dans l'Ecriture sainte, sinon que le corps de notre Seigneur est présent dans l'Eucharistie, mais la maniere dont se fait cette présence est un mistere, comme les Scholastiques l'avouent eux-mêmes. Si elle est un mistere, les Scholastiques ne peuvent la concevoir distinctement, ni en avoir une notion distincte; ils tirent donc faussement des conséquences de la maniere de la présence sacramentele, qui est misterieuse. Ce qui est dit de la maniere de disputer des Scholastiques, quand il est question de l'Eucharistie, s'étend aussi sur toutes ces questions controversées des theses, qu'ils veulent deriver des misteres, qu'on trouve dans l'Ecriture sainte. M. LEIBNIZ a decouvert avec raison, que cette maniere scholastique de disputer est fausse, quand il se sert dans une lettre à M. B. en 1696. des termes suivans: *Vos Messieurs n'ont pas mal fait de faire cesser les disputes sur la Trinité, & le plus sûr est, de s'arrêter aux termes de l'Ecriture & de l'Eglise; car de disputer sur des termes, dont* on n'a point de définition, c'eſt *IN TENEBRIS DIMICARE.* *

§ VIII.

Après avoir fait voir que les Scholaſtiques ont ſouvent jugé des matieres de la plus grande conſéquence ſur des notions obſcures ; il n'y a point de doute, qu'ils ont attribué ſouvent un *prædicatum* à un *ſubjectum*, encore qu'ils n'ayent pas montré évidemment, que le *prædicatum* lui convenoit. L'un ſuit de l'autre, & nous trouvons autant d'exemples de cette faute des Scholaſtiques, qu'ils ont ſoutenu de theſes fauſſes. Je ne m'arrêterai pas ſur cela, mais je ferai voir, que les Scholaſtiques ſe ſont habitués à tirer des ſuites des theſes, quoiqu'ils ne fiſſent pas voir en quoi le *ſubjectum* convenoit au *prædicatum*. Il ſuffit d'en raporter un ſeul exemple. Il y a un canon philoſophique aprouvé par les Scholaſtiques : *Quidquid eſt in effectu, præexiſtit in cauſa.* C'eſt-à-dire ; ce qui eſt en effet eſt auſſi par avance dans la cauſe. Cette theſe doit être un axiome, encore qu'on puiſſe aiſément decouvrir qu'elle n'eſt nullement univerſelle. Puis-je bien dire : Dieu le Créateur des hommes a un corps, parcequ'il a donné un corps aux hommes ? Ce n'eſt pas-là une conſéquence. Les hommes ont envers Dieu la même relation que les cauſes ont à l'égard des effets. Il faut donc attacher à cette theſe cette reſtriction, ſavoir, ſi elle doit être veritable & univerſelle. Ce qui ſe peut faire de la ſorte, quand on dit : Ce qui ſe trouve dans l'effet, convient à la cauſe ou *formellement* (en termes formels) ou *éminemment* (en éminence) c'eſt-à-dire,

---

* V. les Miſcell. Leibniz que M. FEFFERUS a donnés au public p. 26.

dire, que la definition d'une chofe convient à la caufe qu'on trouve dans l'effet : ou, qu'à la caufe convient le pouvoir de produire ce qu'on trouve dans l'effet. En cette maniere nous pouvons dire, qu'un
corps convient à Dieu éminemment, parcequ'il a le
pouvoir de créer des corps. Il manque pourtant quelque chofe pour que le canon, dont il s'agit, foit univerfel. Il eft vrai : ce que nous trouvons dans l'effet,
convient auffi veritablement à la caufe de cet effet,
ou a pu être produit par la caufe de cet effet. Ainfi
je puis tirer une conclufion : Quand le pere n'eft pas
favant, le fils n'eft favant non plus ; car le pere eft
la caufe de fon fils. Mais cette cónféquence eft fauf-
fe, & ne s'accorde point avec l'experience. Car il
arrive fouvent qu'un pere qui n'a point d'étude a un
fils qui fait grand cas des études. Il manque donc
ici quelque chofe, & on a befoin d'une autre reftric-
tion pour rendre cette thefe univerfelle. Il faut donc
dire : Ce qu'on trouve toujours & non pas par hafard
dans l'effet, entant qu'il dépend d'une certaine caufe,
c'eft ce que nous trouvons auffi dans la caufe, ou par
effet, ou dans le pouvoir de le produire. Il n'eft donc
pas néceffaire, que le pere foit favant, quand fon
fils a étudié ; car bien que le fils foit un effet du pere, entant qu'il eft fils, il ne l'eft pas pourtant, entant qu'il eft docte. L'érudition d'un fils entant
qu'il eft fils, eft un accident, & rien de néceffaire
ou d'effentiel. La regle philofophique, dont nous
parlons, n'eft pas encore affez l'imitée ; & elle eft
fujette à plufieurs difficultés. De peur d'être trop
long, je ne les raporterai pas toutes ; il fuffit d'aver-
tir le Lecteur, que ce que nous difons ici de la caufe
doit être entendu feulement *de caufa efficiente princi-
pali*, de la caufe principale qui fait (qui met en effet),
& par conféquent toutes les autres fortes de caufes
doivent être rejettées. Il ne feroit pas difficile d'alléguer beaucoup d'autres exemples, qui prouvent que

les

les Scholaſtiques ont jugé par des theſes qu'on n'a
pas aſſez limitées, ſi preſque toutes les regles philoſophiques, & les principes de la Philoſophie ſcholaſtique n'étoient pas autant de preuves, qui apuyent
ma theſe. M. Daniel Stal, très celebre Docteur de l'Academie de Jene, a pris la peine de faire
une collection de ces regles philoſophiques. On les
peut conſulter, ſi on veut être convaincu par des
temoins, qu'il y a beaucoup de reſtrictions néceſſaires avant qu'on puiſſe reconnoître ces regles philoſophiques pour des canons fondamentaux d'une de-
monſtration philoſophique. Le docte Profeſſeur
M. G. B. Bulfingr, Auteur d'une Diſſertation Latine, *Des Axiomes philoſophiques*, a remarqué
cette erreur de la Philoſophie ſcholaſtique en faiſant
voir que quelquefois il n'y a que la 96. partie d'une
regle philoſophique aprouvée par les Scholaſtiques qui
ſoit vraie & ſoutenable. *

§ IX.

On alléguera peut-être, que quoiqu'on n'ait pas
exprimé dans les regles de la Philoſophie ſcholaſtique

la

* Bulfinger l. c. p. 11, 12. Apage propoſitiones ex
parte veras, & generaliter enuntiatas. Examinemus aliquas,
& quanta illarum pars vera ſit computemus? *Qualis cauſ-
ſa*, inquis, *talis effectus.* Dicis cauſſam & intelligis effi-
cientem ſolum, non materialem, formalem, finalem; manet igitur *quarta* ſolum cauſſæ ſpecies, atque ille ipſa non
tota manet, ſed univoca ſolum, non æquivoca; eſt igitur
pars *octava* dicti: *talis eſt effectus* in eſſentialibus non
accidentalibus. Sumamus illa æqualiter, etſi accidentalia
plura ſint eſſentialibus; manet igitur *decima ſexta* pars
propoſitionis. *Propter quod*, tamquam cauſſam per ſe,
(non per accidens; cadit igitur dimidia dicti pars; ma-

net

la condition par laquelle le *prædicatum* convient au *subjectum*; on a pourtant eu en main les restrictions que les Scholastiques n'ont pas manqué d'alléguer, quand on a revoqué en doute la verité de leurs canons: par conséquent ces regles qu'on n'a pas assez limitées n'ont contribué en rien à soutenir de fausses theses. Je m'en vais répondre en peu de mots à cette objection-là. Il est vrai que les Scholastiques ne pouvoient pas rendre vrais de faux dogmes par leur maniere de disputer. Mais il est aussi certain, qu'ils ont empéché par leur art de disputer qu'on n'a pas d'abord aperçu la fausseté d'une these insoutenable. Les Scholastiques sont capables, à cause de leurs theses peu limitées, de soutenir pour quelque tems deux dogmes tout-à-fait contraires. Ils disent, par exemple: Titius est savant, & Titius est ignorant. Titius est assis dans le même moment qu'il se tient debout. Car ils se serviront à la fin d'une distinction entre ce qui est in *actu primo & actu secundo, actu & potentia.* C'est justement ce qui rend leur dessein avantageux. Si l'on parloit de dogmes théologiques contraires à la raison; les Scholastiques étoient satisfaits, s'ils étoient en vogue & en crédit, & croioient qu'une opinion agréée par l'Eglise visible, & aprou

net dimidia) proximam (non remotam: cadit dimidiæ dimidium; manet quarta) & univocam (non æquivocam: cadit quartæ dimidium; manet octava) itemque adæquatam (non inadæquatam: cadit octavæ dimidium; manet decima sexta) & cum reflexione effectus super caussam (non sine: cadit dimidium sextæ decimæ; manet trigesima secunda) *unumquodque tale est, illud magis est tale,* si non ratione intensionis, tamen immediationis ut alio modo (sunt tria minimum, igitur ex trigesima secunda manet nonagesima sexta:) Collectis ita limitationibus Ru-draufii, ad *nonagesimam sextam* sui partem propositio redit.

aprouvée par le Pape, étoit furé & veritable. Pour ce qui concernoit les objections de la raifon, ils étoient contens s'ils pouvoient dire quelque chofe pour & contre. Il leur arrivoit ce qui arrive ordinairement à ceux qui craignent quelque chofe de defagréable. Ils tâchent de n'y pas penfer autant qu'il eft poffible, parcequ'ils ne peuvent pas la changer. On peut éclaircir ceci par une obfervation de M. Leibniz, que nous trouvons dans les *Mifcellanea Leibnitiana* de M. Feller. Où il foutient, que ceux qui ont refolu en eux-mêmes de pécher, & qui craignent les reproches de leur confcience, donnent leurs penfées à d'autres objets, afin qu'ils ne puiffent pas reconnoître que ce qu'ils ont refolus, eft quelque chofe de mauvais. Comme font les mauvais économes qui n'aiment gueres à examiner leurs comptes, pour n'aprehender pas ce qu'ils doivent, & pour n'être pas dans l'inquiétude. *

§ IX.

J'ai prouvé jufqu'ici, que la Philofophie fcholaftique eft de telle nature, qu'elle peut foutenir les erreurs publiquement aprouvées. Mais je ne prétends pas, que les Scholaftiques ont tellement difpofé leur Philofophie, qu'elle eft propre à la defenfe des erreurs. Il ne font pas tout-à-fait innocens. Mais ils partagent leurs fautes avec les Poilofophes Arabes, qui font les fondateurs de leur Philofophie.
C'eft

---

* Leibniz l. c. p. 193. Qui decreverunt peccare furgentem confcientiam præfcientes aliorfum verfâ cogitatione deprimunt, dum adhuc dubitant, verentes ne calculus fubductus aliud ipfis perfuadeat. Prorfus ut malus paterfamiliàs, qui horret fuas ipfe rationes fubducere, ne intelligat quantum debeat, ac quietem fibi præfentem turbet.

C'eſt une choſe connue d'un chacun, que les Scholaſtiques ont reçu leur Philoſophie des Arabes,
qui depuis le huitieme ſiecle ont eu des Acade-
mies en Afrique & en Eſpagne, où ils enſeignoient
la Philoſophie d'ARISTOTE. Auſſi les écrits de ce
Philoſophe ont été traduits de l'Arabe en Latin par
ordre de l'Empereur FREDERIC II. pour pouvoir
ſervir aux Scholaſtiques. * C'eſt pourquoi la Philoſophie ſcholaſtique s'accorde en la plupart des
points avec la Philoſophie corrompue des Arabes.
MOSES MAIMONIDES a remarqué que la principale
adreſſe de la Philoſophie Arabique conſiſte en ceci:
Premierement qu'elle peut ſoutenir le pour & le
le contre d'une choſe; & ſecondement qu'elle peut
defendre toute ſorte de theſes. † Nous voyons par
cette obſervation de MAIMONIDES, que la principale difference entre la Philoſophie ſcholaſtique &
celle d'ARISTOTE, que les Arabes ont corrompue,
eſt ſeulement en ce point, que les Scholaſtiques ont
employé les faux principes philoſophiques, pour ſoutenir les erreurs de l'Egliſe Romaine, leſquels le Philoſophe ARISTOTE, & après lui les Arabes ont in-
ventés par une envie dès ordonnée d'entrer en diſpute,
à quelque prix que ce fût.

§ XI.

Après avoir fait remarquer les principales fautes
de la Philoſophie des Scholaſtiques, l'ordre demande
que je montre comment il faut les corriger ſelon
les principes de M. LEIBNIZ. Par ce que nous
avons dit il eſt aiſé de voir, qu'il ne ſuffit point,
com-

---

* *Voyez la Diſſertation* de M. TRIBBECHOV *des Doc-
teurs Scholaſtiques,* chap. III. p. 122.
†*Voyez* TRIBBECHOV, l. c. p. 126.

quelques Philofophes qu'on apelle Eclectiques l'ont
foutenu, d'embellir par des belles paroles ce que les
Scholaftiques ont propofé par des mots barbares &
rudes à l'oreille. Il ne fuffit non plus pour corriger
la Philofophie fcholaftique d'en ôter quelques inutiles & trop fubtiles difputes. Car encore qu'on ne
puiffe nier, que ce font deux grandes fautes, les expreffions barbares & les controverfes frivoles de la
Philofophie fcholaftique; il eft pourtant certain que
ce ne font pas les principales vices d'elle. Les plus
grandes fautes confiftent plutôt en cela, qu'ils négli-
gent les regles d'une faine Logique, & qu'ils n'ont
pas formé des propofitions par des notions diftinctes,
ni tiré des conclufions par des théorèmes affez limitées. On ne peut donc corriger cette Philofophie,
qu'en prenant mieux garde aux regles de la bonne
Logique dans la recherche de fes erreurs, & en ren-
dant diftinctes les notions obfcures, & reduifant les
propofitions vagues à des thefes fuffifament limitées.

§ XII.

Quand on traite la Philofophie fcholaftique de
cette forte elle devient propre à nous fournir des oc-
cafions de confiderer & de pefer plus diligemment
chaque chofe, & d'inventer des verités importantes
& très utiles. Il en eft de cette Philofophie comme
d'une vieille maifon qu'on a deftruite: il refte toujours quelques pierres & quelques poutres dont on
peut fe fervir, pour rebâtir une nouvelle maifon.
C'étoit auffi l'opinion de M. LEIBNIZ. C'eft
pourquoi il a écrit en ces termes: ,, J'ai dit fouvent,
,, *aurum latere in ftercore illa fcholafticæ barbariei*;
,, & je fouhaiterois qu'on pût trouver quelque habile
,, homme verfé dans cette Philofophie Hibernoife
,, ou Efpagnole, qui eut de l'inclination & de la
,, ca-

,, capacité pour en tirer le bon. Je fuis fûr qu'il
,, trouveroit fa peine payée par plufieurs belles &
,, importantes verités. Il y a eu autrefois un
,, SUISSET qui avoit mathématifé dans la Scho-
,, laftique. Ses ouvrages font peu connus, mais ce
,, que j'en ai vu m'a paru profond & confiderable ;
,, JULES SCALIGER en a parle avec eftime.
,, Mais VIVES en a parlé avec mépris. Je me fie-
,, rois d'avantage à SCALIGER, car VIVES étoit
,, un peu fuperficiel. *

§ XIII.

Il n'y a point de doute que les notions obfcures,
diftinctes, completes, & celles qu'on apelle *adæquatas*, ne different que par dégrés. Il n'eft donc pas
impoffible qu'un habile homme, examinant les chofes plus à fond, ne puiffe par fes méditations rendre
les notions diftinctes ou *adæquatas*, quand les Scholaftiques jugent d'une chofe par des notions obfcures.
M. CHRETIEN WOLFIUS a fait voir dans fa
Logique, comment on peut, par un feul ou par
quelques exemples d'une chofe fe former d'elle une
notion diftincte. Quand on a donc une notion obfcure d'une chofe, le plus fouvent on y trouve un
exemple caché, & par conféquent la méthode eft affez claire, par laquelle on peut rendre diftinctes les
notions obfcures. Outre cela il eft fûr, que parmi
les regles philofophiques des Scholaftiques, il y en a
quelques-unes qui peuvent paffer pour des axiomes ou
pour le moins pour des théoremes très utiles, fi on
y joint quelques reftrictions.

§ XIV. Je

* *Voyez Recueil de diverfes Pieces de Meffieurs* LEIB-
NIZ, CLARKE, NEWTON. T. II. p. 157.

§ XIV.

Je ne diſconviens pas, qu'il n'y ait même dans la Philoſophie de M. Leibniz des notions obſcures & des propoſitions vagues & peu determinées. Il a cependant évité la plus grande partie des fautes de la Philoſophie ſcholaſtique, & il nous a enſeigné au même tems comment il falloit les corriger. On ſait que le Scholaſtique Anselme fit naître l'occaſion à M. Leibniz d'inventer un argument *à priori* pour prouver l'exiſtence de Dieu. On trouvera auſſi dans la collection des Epitres de M. Leibniz, que j'ai donnée dernierement au public à Leipzig avec mes obſervations, Lettre CXCIV. écrite à mon pere, pag. 308, que l'Auteur, parlant de l'immortalité de l'ame, dit en termes exprès: *Quod in* Pythagora, Platone, Aristotele, *aliiſque veteribus optimum eſt, retineo, omniaque certis rationibus inter ſe connecto.* C'eſt-à-dire, je retiens ce qu'il y a de bon dans Pythagore, Platon, Aristote, & dans quelques autres Savans de l'antiquité, & je le lie enſemble d'une maniere qui s'accorde. Conſultons auſſi ſa *Theodicée,* & nous verrons comment il a corrigé la Philoſophie des Scholaſtiques, & qu'il a été très verſé en leurs écrits.

§ XV.

Pour ce qui eſt des notions M. de Leibniz nous a communiqué de belles obſervations ſur leur nature & leur difference dans un petit écrit imprimé dans les Actes des Savans de Leipzig au mois de Novembre 1684. p. 577. qui eſt intitulé: *Méditations ſur la connoiſſance de la verité, & des idées.* Il a tout de même corrigé les notions obſcures qu'on trouve ordinairement chez les Scholaſtiques. Voyez,

Voyez, par exemple, ce qu'il a remarqué en quelques Lettres écrites à M. CLARK sur la notion du tems & de l'espace; & consultez sa Preface d'un Livre qu'il a intitulé: *Codex juris gentium diplomaticus.* Vous y trouverez la notion de l'amour, & vous jugerez l'Auteur fort propre à former des notions distinctes des notions obscures des Scholastiques. Ils soutenoient que le tems & le lieu sont une substance particuliere, ce qui leur a attiré beaucoup de disputes aussi subtiles qu'inutiles. M. LEIBNIZ au contraire a fait voir distinctement, que le tems n'est qu'un ordre entre les choses qui se suivent, & que le lieu n'est qu'un ordre entre les choses qui sont au même tems. Par ces notions distinctes il a terminé de grandes disputes entre des écrivains très celebres. C'est ce qu'on peut dire aussi de sa claire notion de l'amour. Il a soutenu qu'aimer quelqu'un n'est autre chose qu'être content & satisfait de la felicité ou de la perfection d'un autre: Dès qu'on aprouve cette definition, tous les débats subtils sont apaisés, & on peut se debaraffer aisément des disputes. C'est ainsi que M. LEIBNIZ se vante avec raison d'avoir par sa définition de l'amour terminé les differens entre les deux Evêques de CAMBRAI & de MEAUX avant qu'ils fuffent commencés. Consultez, si vous plaît, dans ma Collection des Lettres de M. de LEIBNIZ, la Lettre CC. écrite à mon Pere SEBAST. KORTHOLT, § 9. p. 332. On peut par la même definition terminer les demêlés des anciens Scholastiques, & de quelques Auteurs nouveaux, qui mettent une question sur le tapis: S'il nous est permis d'aimer DIEU pour notre utilité? Car la nature de l'amour exige de nous, que si nous aimons quelque chose, nous y trouvions notre contentement, & que par conséquent nous augmentions notre felicité par elle.

§ XVI. M. de

§ XVI.

M. de LEIBNIZ a été aussi fort heureux dans la correction des regles philosophiques, qui sont en vogue entre les Scholastiques. Par exemple, il a reformé le canon Scholastique: *Nihil fit sine caussa*, c'est-à-dire rien ne se fait sans cause. Chacun s'aperçoit aisément que ce canon n'est pas assez limité. Car premierement quant au *prædicatum*, il faut indiquer précisément de quelle cause il s'agit; parcequ'on ne peut pas se servir de ce canon dans chaque cause, comme par exemple, dans l'instrumentale, secondement, il faut limiter le *subjectum*, parcequ'il faut dire de D I E-U, qu'il est sans cause. M. de LEIBNIZ a levé toutes ces difficultés en disant: *nihil fit sine ratione sufficiente*, c'est-à-dire rien n'existe sans une raison suffisante pourquoi cela est ainsi, & non pas d'une autre maniere. Car encore que DIEU soit *sine caussâ strictè sic dictâ*, c'est-à-dire sans une cause, quand on prend ce mot à la rigueur; il n'est pourtant pas sans une raison suffisante: parceque l'existence de DIEU, comme d'un Etre très parfait, est nécessaire, & DIEU contient en lui-même une raison suffisante de son existence, à cause que de la notion de l'Etre très parfait il suit une existence nécessaire. Je ne ferai pas une plus longue mention des axiomes, dont nous avons obligation à M. de LEIBNIZ. Ils sont assez connus, & on peut là-dessus consulter les écrits de ce celebre Auteur. Il auroit sans doute fourni plus d'axiomes, s'il avoit achevé le Systeme métaphisique qu'il avoit projetté.

§ XVII.

La perte qu'on a fait en ce que M. LEIBNIZ n'a pas achevé son dessein, & que même ce qu'il a com-

mencé

mencé s'eft perdu feroit plus grande, fi le celebre Philofophe M. CHRETIEN WOLF n'avoit pas fait voir par une maniere folide & mathématique qu'il entendoit affez les verités philofophiques pour les éclaircir parfaitement. Outre cela d'autres habiles Philofophes ont tâché de reformer la Philofophie fcholaftique. Particulierement un très favant homme M. REINBEK femble faire voir depuis peu dans fes confiderations fur la Confeffion d'Augsbourg, quel avantage il y a de fe fervir dans la Théologie de la Philofophie à la maniere de M. LEIBNIZ, de M. WOLF, & de quelques autres Auteurs nouveaux.

§ XVIII.

Je pourai ajouter beaucoup de Remarques pour découvrir les erreurs de la Philofophie fcholaftique, & pour faire voir au même têms les moyens de le corriger. Mais il fuffit de traiter en géneral ce fujet. Je ne laifferai d'ailleurs échaper aucune occafion de faire voir les fautes des Scholaftiques par des exemples plus particuliers, & indiquer comment nous pourions par ce moyen-là réformer géneralement beaucoup d'erreurs, & en particulier celles de l'Eglife Romaine.

XXXII.

LETTRE

De M. LEIBNIZ à M. PFEFFINGER,
Profeffeur à Lunebourg.

MONSIEUR,

JE me fouviens d'avoir vû autrefois *das Bayerifche Stambuch des Wiguelejus Hundius;* mais il ne me parut pas des plus confiderables, ainfi je crois qu'on s'en peut confoler.

Le

Le deſſein de rechercher les antiquités du Monaſtere fameux de S. Michel de Lunebourg, que vous avez
pris, Monſieur, eſt beau & utile, & je vous ſuis
obligé de ce que vous me communiquez de vos notices & conjectures. Quant au fragment qui doit être
de l'an 971. où il eſt dit: *Neque hoc monaſterium in*
ſummi Dei honorem, in utilitatem & emolumentum
pauperum nobilium, *eorumque tantummodo filiorum*
educationem fundatum atque erectum, unquam deſtru-
atur &c. Je le tiens pour ſupoſé, & invente par des
Moines poſterieurs; étant entierement éloigné du iti-
le, qui étoit en uſage du tems des *Ottons*; où *Nobiles*
ſignifioient tout autre choſe, & *pauperes nobiles* auroit été une eſpece de contradiction: il eſt ſûr auſſi,
que jamais ancien monaſtere à été affecté aux ſeuls
gentilshommes, où a l'éducation de leurs fils. C'étoit
une choſe bien contraire à l'humilité, dont les plus
grands Seigneurs faiſoient profeſſion en ce tems-là,
quand ils entroient dans les monaſteres. Et quoique
la confirmation du Duc BERNARD de l'an 1434.
ſemble autoriſer cette piece; il eſt aiſé de croire, que
les Chanceliers où Notaires de ce Prince n'étoient pas
des grands Critiques. Je donne plus de créance à ce
que vous avez trouvé dans un vieux papier ſous ces
termes: BERNHARDUS *Ducis* HERMANNI *filius,*
in confirmatione quâdam privilegii Sancti Michaelis
ſpeciali: Si quis autem M̄S. *& præſentium hære-*
dum meorum nacummelius hujus dati violator exiſtere
præſumſerit aut aliquid omnino abſtulerit, ſit anathe-
ma à Domino noſtro JESU CHRISTO, &c. Car
cela ſe raporte mieux au ſtile de ce tems-là. Je
crois d'avoir deviné ce que veulent dire les mots ob-
ſcurs qui y ſont: M̄S. eſt *meus,* & *nacumelius* eſt
nacumelinus en Saxon, *id eſt, Nachkom,* ce qui eſt la
traduction du Latin *ſucceſſor,* qui doit être mis à la
place; de ſorte qu'il faut lire: *Si quis autem meus*
& præſentium hæredum meorum ſucceſſor, &c. Je
viens

viens à votre conjecture, qu'OTTON le grand Duc
de Saxe, grand-pere d'OTTON le Grand, ou le premier Empereur de ce nom, pouroit être fondateur
de ce Monastere; parcequ'il subsistoit déja en 956.
suivant un Diplome original d'OTTON I. Empereur
de cette année, que vous avez vu, où il y a: *No-
verint omnes fideles … qualiter nos per interventum*
HERMANNI *Marchionis theloneum ad Luniburc ad
monasterium St. Michaelis sub honore constructum in
proprium donamus.* Or, vous posez pour certain,
qu'HERMANN, fils de BILLING, n'a été alors que
simple officier de l'Empereur. Mais c'est en quoi je
suis d'une autre opinion, & je crois que ce Prince é.
toit heréditairement Seigneur allodial ou propriétaire
du pays des environs. Et outre ce qu'on lui attri-
bue de la fondation ou donation de ce Monastere,
je le juge de ce que l'Empereur en 970. a donné une
partie de l'heritage de WICMANN, fils de frere du
Duc, au même Monastere de Lunebourg; comme
j'ai trouvé dans une ancienne Cronique Latine non
encore imprimée, dont l'Auteur a été du douzieme
siecle. *Tradidit (Imperator) monasterio, quod* HER-
MANNUS *Dux in Luneburch construxerat.* Il semble qu'en en effet c'étoit le Duc comme he-
ritier qui le donnoit, & que l'Empereur le confir-
moit seulement. Car j'ai remarqué dans les vieux
titres, que les Empereurs en confirmant les donations
d'autrui se portoient souvent pour donateurs, pour
avoir plus de part au merite spirituel, & à la recom-
pense de DIEU, qu'ils s'en attendoient; peut-être
aussi que l'Empereur se l'attribuoit *titulo confisca-
tionis*; & que pour trouver un milieu, qui pût contenter le Duc, il donna une bonne partie au Monastere du même Duc; les choses étant concertées
ainsi entre eux. Je suis encore persuadé, que ce
Marchio HERMANNUS, dont parle votre diplome,
n'est autre que notre Duc HERMAN: Le lieu & la

matiere

matiere le confirment, & il ne se trouve point d'autre HERMANNUS MARCHIO alors. Lorsque WITIKIND lib: 2 dit, qu'OTTON I. devenu Roi; *novus Rex novum militiæ Principem fecit HERMANNUM, WICMANNI fratrem.* Je crois que *militiæ Princeps* n'est autre chose que MARCHO, qui commendoit les troupes des frontieres *contra Normannas vel Danos & Wilzos.* On ne sait pas bien precisement quand il a été fait Duc. Peut-être qu'il en étoit de lui, comme de THEODORIC sous le même OTTON I., qui est apellé tantôt MARCHIO, tantôt Duc, de sorte qu'il semble, que du tems de votre diplome le stile de la cour ne le reconnoissoit encore, que pour MARCHIO, quoique son autorité fut déja ducale. Mais tous conspirent à dire, qu'il a été Duc enfin dans les formes avant que de mourir. C'est ce que confirme aussi cette solemnelle reception, que lui fit l'Archevêque de Magdebourg, qu'on trouva même mauvaise comme excessive. Votre Lettre pour Monsieur D'ALVENSLEBEN lui a été envoyée par la poste, & j'y ai ajouté un mot moi-même. Vous aurez vû, Monsieur, les vers Latins assez jolis de Monsieur ABERCRÔMBY, Ecossois, sur le droit de Madame l'Electrice établi en Angleterre, imprimés dans les extraits qui se publient ici tous les mois. On y ajoute une inscription Latine fort jolie, si vous en savez l'auteur, Monsieur, je vous suplie de me l'indiquer. Le traité des Alliés avec Dannemarc, si on le ratifie, comme j'espere, nous tire une épine assez facheuse. Il est à souhaiter, que tous les autres Princes croyent enfin, où ils en seront bientôt avec la France. Mais il semble que Savoye, Portugal, & beaucoup d'autres pensent à toute autre chose, & il faut les abandonner à leur mauvais destin. Comme M. BENTHEIM aura reçu celle, que j'ai pris la liberté de vous adresser, il ne sera plus en peine

de

de mon silence. Je vous suplie, Monsieur, de faire tenir la ci-jointe à Monsieur de GREIFFENCRANZ, & je suis avec zele, &c.

Le 15 Juillet 1701.

XXXIII.

AU MEME.

MONSIEUR,

J'AI reçu une Lettre de Monsieur d'ALVENSLEBEN, qui me marque d'avoir reçu la vôtre, & peut-être avez-vous déja sa réponse. J'ajoute à ma précédente ce qui suit : outre ce qui est dit dans la Notice de la fondation de quelques Monasteres publiée par MADERUS *in Antiquitatibus Brunsuicensibus,* qu'OTTON Duc de Saxe doit avoir fondé le Monastere de Lunebourg à la sollicitation de WICBERT Evêque de Verde. Je trouve ces mots dans COR-NERUS: *Iste* HERMANNUS *Dux secundum* HEL-MONDUM (je ne trouve pas dans notre HELMOL-DUS) *dicitur fundasse Monasterium in honore. sancti* MICHAELIS *in castro montis Luneburgensis, & bonis magnis ipsum dotasse, quamvis quidam fundationem ejus attribuant* WICBERTO *episcopo primo Verdensi & quidam aliis Principibus.* Il est vrai cependant que dans une ancienne Chronique Latine de Verde on parle de quelques autres dispositions de ce WICBER-TUS, sans dire un mot du Monastere de Lunebourg, dont la fondation est attribuée au Duc HERMANN dans la même Chronique sous son frere AMELUN-GUS. Cependant pour ne point méprifer entierement les passages, qui parlent du Duc OTTON & de l'E-

H

vêque

vêque WICBERT (quoique ces paſſages ſoient des
poſterieurs) je croirois qu'il y a eu une Egliſe ou
Chapelle ancienne, qui peut avoir été la fondation
d'OTTON ou de WICBERT, ou plutôt fondée ſur
les propriétaires du lieu, mais confirmée par le Duc
OTTON, & conſacrée par l'Evêque WICBERT. Car
c'étoit aſſez l'uſage que les Superieurs ſe faiſoient
l'honneur des fondations de leurs inferieurs.   Et que
depuis le Duc HERMANN, Seigneur propriétaire en
a fait une Monaſtere. Car on trouve encore que bien
ſouvent les Monaſteres ont été précedés par des E-
gliſes ou Chapelles du même lieu.   Je ſuis avec
zele, &c.

Hanover 19 Juillet,
    1701.

F I N I S.

www.ingramcontent.com/pod-product-compliance
Lightning Source LLC
Chambersburg PA
CBHW060559100426
42744CB00008B/1256